Karl Wehrmann

John Stuart Mills Lehre von der Erziehung

Karl Wehrmann

John Stuart Mills Lehre von der Erziehung

ISBN/EAN: 9783743440616

Hergestellt in Europa, USA, Kanada, Australien, Japan

Cover: Foto ©Suzi / pixelio.de

Weitere Bücher finden Sie auf **www.hansebooks.com**

Dr. Karl Wehrmann:
John Stuart Mill's Lehre von der Erziehung.*)

John Stuart Mill ist neben Herbert Spencer zweifellos der bedeutendste unter den englischen Philosophen unseres Jahrhunderts. Er lebte von 1806 bis 1873. Sein Name ist auch in Deutschland weiten Kreisen bekannt geworden, nicht aber in gleicher Weise die Ideen, welche von diesem merkwürdigen Manne ausgegangen sind. Uns selber war John Stuart Mill lange Zeit nicht viel mehr als ein Name. Auf der Universität hörten wir einiges von seiner induktiven Logik, durch die er in Deutschland manche eifrige Anhänger gefunden hat. Am häufigsten hört man seinen Namen in Verbindung mit der Nationalökonomie nennen. Erst seitdem wir in die Lage gekommen sind, die englischen Philosophen besonders hinsichtlich ihrer Bedeutung für die Erziehung durchzuarbeiten, sind wir auch den Werken dieses Autors näher getreten. In dieser Arbeit werden wir versuchen, diejenigen Gedanken aus den Werken John Stuart Mill's mitzuteilen, welche für die Erziehung von Bedeutung sind. Bei der Zusammenstellung dieser Gedanken schliessen wir uns, wo es angeht, der Darstellung des Verfassers genau an. Dabei legen wir teilweise die englischen Ausgaben zu Grunde; wo es uns nicht möglich war, den englischen Text zu erhalten, haben wir die deutsche Ausgabe der gesammelten Werke John Stuart Mill's, die unter der Redaktion von Prof. Theodor Gomperz (Leipzig, Fues's Verlag) erschienen ist, benutzt. Von besonderer Wichtigkeit für die vorliegende Arbeit ist die Selbstbiographie des englischen Autors, die uns in der vorzüglichen Uebersetzung von Dr. Carl Kolb vorgelegen hat. Es ist eins der anziehendsten und gehaltvollsten Bücher, die wir seit langer Zeit gelesen haben. Vielleicht giebt es keine zweite Schilderung, die in

---

*) Beilage zu dem Programm des Kgl. Gymnasiums zu Kreuznach. Ostern 1890. No. 440.

gleicher Weise die geistige Entwicklung eines bedeutenden Mannes so klar und anschaulich wiedergiebt, wie diese. Es ist der Zweck dieser Programmarbeit, die Aufmerksamkeit auf John Stuart Mill hinzulenken; sollte es uns gelingen, zum wirklichen Studium dieses Mannes anzuregen, so haben wir erreicht, was wir wollten. Leider finden bei uns die ernsteren geistigen Bestrebungen der Engländer sehr oft nicht die Beachtung, die ihnen wohl zukommt.

John Stuart Mill ist ein durchaus englischer Denker. Es ist ihm wie den meisten englischen wissenschaftlichen Denkern gar nicht so sehr wie den deutschen Gelehrten darum zu thun, ein wohl ausgearbeitetes System seiner Wissenschaft mit Abteilungen und Unterabteilungen herauszuarbeiten. Er hat sich zuweilen sehr bestimmt gegen den leidigen Hang zum Schematisieren und Systematisieren in der Wissenschaft ausgesprochen. Damit ist aber durchaus nicht gesagt, dass die englischen Gelehrten, weil sie nicht in dem Masse wie die deutschen stets nach einem systematischen Aufbau ihrer Ideen streben, deshalb unwissenschaftlich verfahren; nur ist das System als solches bei ihnen Nebensache. Man vergleiche einmal John Locke, der in Deutschland von allen englischen Pädagogen am meisten gelesen wird, mit Herbart, der von unseren eigenen pädagogischen Schriftstellern jetzt im Vordergrunde des Interesses steht: wie ist bei jenem alles so einfach, natürlich, im besten Sinne des Wortes realistisch, wie schliesst er sich an die Welt an, wie sie wirklich ist, wie hat er stets die Menschen im Auge, wie sie wirklich sind, und andererseits, wie ist bei unserem deutschen Philosophen alles so abstrakt, alles so schwer verständlich ausgedrückt, wie alles einem theoretischen System zuliebe so eingezwängt und künstlich verarbeitet. Bei John Stuart Mill finden wir keine systematische Pädagogik. In verschiedenen Schriften, welche über die mannigfaltigsten Dinge handeln, hat er seine Ansichten über die Erziehung ausgesprochen; so werden wir denn manches in den Bereich unserer Betrachtung ziehen müssen, was nicht zu dem gehört, was man in Deutschland Pädagogik nennt. Pädagogik als selbständige Wissenschaft ist dem Engländer fast ein unbekannter Begriff, kaum wagt er das entsprechende Wort in seiner Sprache anzuwenden. Und nur wenige englische Lehrer mögen sich in ihrer Gemütsruhe durch methodische Fragen haben stören lassen.

John Stuart Mill ist einer der vielseitigsten Denker der neueren Zeit; er ist nicht das, was man einen Polyhistor nennt, aber ein philosophischer Kopf, der fast das gesamte Wissen unserer Zeit überblickt, zum Teil beherrscht und es in eigenartigster Weise mit seinem Verstande durchdringt. In der exakten Philosophie und in der Nationalökonomie hat er Hervorragendes geleistet; seine litterarischen und historischen Aufsätze und seine Reden werden ihm stets einen ehrenvollen Platz in der Litteratur seines Landes sichern; dazu kommt noch, dass er während langer Jahre seine besten Kräfte den Pflichten eines schwierigen Amtes widmen musste. Es scheint fast, als ob diese vielseitige Beschäftigung nur dazu beigetragen habe, dass er seine Kräfte voll entwickeln konnte; ja er spricht es zuweilen deutlich aus, dass es der Natur des menschlichen Geistes am entsprechendsten wäre, wenn er zwischen verschiedenartigen Arbeiten abwechseln könnte, anstatt dass er sich lange andauernd in eine einzige Sache vertiefte. Durch den Reichtum und die Tiefe der Gedanken, welche er auf so verschiedenen Gebieten zu Tage gefördert hat, muss er die Bewunderung aller erregen, selbst derjenigen, welche seinen Ansichten widerstreben. In seiner Selbstbiographie giebt John Stuart Mill uns ein anschauliches Bild seiner geistigen Entwicklung und seiner wissenschaftlichen und öffentlichen Thätigkeit. Wie viele grosse Männer hat er das Glück gehabt, einen vortrefflichen Vater zu besitzen, der einer der geistig bedeutendsten Männer seiner Zeit in England war; und um so glücklicher war dieses für ihn, als sein Vater, James Stuart Mill, die ganze Erziehung seines Sohnes leitete und ihn zu seinem wirklichen geistigen Erben machte. Mit innigster Dankbarkeit gedenkt John Stuart Mill stets seines Vaters, dessen Hoffnung, dass er später in seinem Sohn einen würdigen Nachfolger finden wird, er fast übertroffen hat. Der Vater verwandte auf die Erziehung des Sohnes die denkbar grösste Mühe, wie wir dies ausführlich in der „Selbstbiographie" lesen können. So blieb denn John Stuart Mill das Schulleben erspart, das ja für den Durchschnittsknaben durch die notwendige Zucht und Ordnung von wohlthätiger Wirkung ist, das aber bei ausserordentlichen Menschen nur zu oft geeignet ist, die eigene selbständige Art zu unterdrücken. So konnte er sich schneller entwickeln und sich ganz in die Ideen, in welche sein Vater ihn hineinzuführen versuchte, hineinleben; schon sehr frühe fing er an, selbständig zu arbeiten und zu forschen, und zwar in einem Alter, wo andere Knaben noch sorgfältig geleitet werden müssen. Frohe, sorglose Knabenjahre, welche für viele die köstlichste Erinnerung für das ganze Leben sind, scheint ihm diese Erziehung nicht geboten zu haben.

Mill gehört zu den wenigen englischen Denkern, die sich gegenüber den Anhängern der Hegel'schen Philosophie, welche in England das Feld behaupten und gegenüber der allmächtigen hochkirchlichen Orthodoxie ihre Selbständigkeit bewahrt haben. Auf den englischen Universitäten kennt man nichts von der Freiheit der deutschen Universitäten; das Prinzip der freien Forschung ist dort noch nicht, wie bei uns, zur allgemeinen Anerkennung und praktischen Anwendung gelangt. Die englischen Universitäten sind noch immer von der Kirche und den jeweiligen Regierungen abhängig. Sehr selten sind daher die grossen englischen Denker unserer Zeit Lehrer an den Universitäten; meist sind sie Privatgelehrte, wie Charles Darwin und Herbert Spencer, oder haben, wie Mill, eine andere Beschäftigung als Lebensberuf. Mill hatte sehr lange eine einflussreiche Stellung in dem Dienst für Indien inne. Durch den praktischen Wirkungskreis, welchen ihm dieses Amt anwies, behielt Mill ein klares, offenes Auge für die Thatsächlichkeiten des Lebens, ebenso wie durch das scharfe, englische Parteileben, an dem er regen Anteil nahm. Eine Zeit lang hatte er einen Sitz im englischen Parlament. Die englischen Verhältnisse und seine Landsleute beurteilt er sehr unparteiisch, wie selten ein Engländer. In Allem ist er ein durchaus ehrlicher Philosoph, dem es bitterster Ernst mit der Wahrheit ist. Da er nicht wegen eines gut dotierten Lehrstuhles schrieb, konnte er um so selbständiger vorgehen, ohne auf irgend welche überlieferte und durch blosse Autoritäten gestützte Ansichten Rücksicht nehmen zu müssen. In seinem ganzen Denken schrickt er vor keiner Folgerung zurück; rückhaltlos und entschlossen geht er in seinen Schlüssen gegen alle vorgefassten Meinungen vor und zwingt den Leser ihm zu folgen. Er ist kein negativer Philosoph, kein grüblerischer Geist, der sich in blosse Spitzfindigkeiten und leere Nichtigkeiten verliert, der sich mit langen Untersuchungen über die Schlechthinnigkeit und Anundfürsichlichkeit der Dinge beschäftigt. Die Philosophie ist ihm die Wissenschaft vom Menschen als einem intellektuellen, moralischen und sozialen Wesen. Auf den Menschen bezieht sich auch seine ganze Philosophie, die er eine utilitarische nennt. Sie beruht ganz und gar auf der Erfahrung. Genaue und anhaltende Beobachtung liegt allem zu Grunde, was er geschrieben hat. Seine Philosophie ist eine wirkliche Philosophie für das Leben. Hier finden wir die beste Anregung zu ernster Arbeit, Trieb zu hochherziger Entschliessung und eine moralische Kraft, die ihresgleichen sucht. Er ist kein verbitterter oder sentimentaler Pessimist, sondern ein gesunder, kräftiger Optimist. Als solcher zeigt er sich in einigen Gedanken, welche er in seiner Selbstbiographie ausspricht und welche die Grundlage seiner Lebensphilosophie geworden zu sein scheinen. Da berichtet er, wie er in seiner Jugend kein geringeres Ziel hatte, als ein Reformator der Welt zu werden. Aber einst fragte er sich, ob er dann, wenn er wirklich alle seine Pläne, die er zur Hebung der Menschheit gefasst hatte, erfüllt sähe, wirklich glücklich sein würde. Eine Stimme im Inneren sagte ihm darauf leise, aber bestimmt und deutlich: nein. Das versetzte ihn in eine lange qualvolle Stimmung, aus der er sich erst befreite, nachdem er zu folgenden Gedanken kam, die nach unserer Meinung auch von praktischem Wert für den Erzieher wie für jeden thätigen Menschen sein können, da sie durchaus einfach und natürlich sind: Glück hielt Stuart Mill stets für den wahren Wertmesser für alles Thun und für den Hauptzweck des Lebens. Aber man dürfe niemals das Glück als solches suchen; denn sowie man sich frage: bist du glücklich? höre man sofort auf, es zu sein. Man müsse, meint er, das Glück in einem Aussending erstreben. Nur die Menschen seien glücklich, welche ihr ganzes Sinnen und Trachten auf etwas anderes richten und darin ganz aufgehen, dergestalt, dass ihr ganzes Bewusstsein von sich selber, das ganze Denken an das eigene Ich und über die eigene Lage völlig zurücktrete. Man muss den Sinn auf etwas anderes richten als auf das eigene Glück: auf das Glück der anderen, auf die Veredelung der Menschen, wie dies besonders der Erzieher und Lehrer thun muss; ja man könne ganz glücklich sein, wenn man völlig in einer Beschäftigung aufgehe, die nur wegen ihrer selbst oder wegen eines idealen Zweckes betrieben werde. Habe man aber eine solche Beschäftigung, dann reichen die Freuden und Erholungen des Lebens aus, um das Leben angenehm zu machen; sowie diese aber Hauptzweck des Lebens werden, befriedigen sie niemanden völlig. An einem Aussending möge man seine Kräfte versuchen und auf das höchste anspannen, dann brauche man sich nicht durch Grübeln das Leben zu verbittern, dann wehe einem sogar die Luft, die man atme, Glück zu.

Die Darstellung Mill's ist einfach und klar, ohne jedes rhetorische Beiwerk; oft sogar hart und mathematisch nüchtern; nur selten strömt ihm die innere Empfindung über; dann aber wird seine Sprache weich und mild wie die eines Dichters. Dabei darf man nie der Thatsache vergessen, und Mill bittet sehr ernstlich darum, dass man sie stets bei Betrachtung des von ihm Geleisteten erwähne, nämlich dass seine Werke nicht von ihm allein herrühren, sondern in gleichem Masse ihren Ursprung seiner Frau verdanken. Manches hat er mit seiner

Frau so gearbeitet, dass er selbst nachher nicht scheiden konnte, was ursprünglich sein oder seiner Frau geistiges Eigentum war. Seiner Frau vor allem verdankt er die Fähigkeit, dasjenige klar und bestimmt auszudrücken, was andere in schwer verständlicher Form schon gesagt haben.

Wenn wir im Folgenden die Bedeutnng John Stuart Mill's für die Erziehung betrachten, so glauben wir besonders betonen zu müssen, das manches von dem, was er sagt, sich direkt auf England bezieht und so auch nur für England gilt, und sich nicht ohne weiteres auf die Verhältnisse eines anderen Landes übertragen lässt. Grade bei Mill, der in allem, was er schreibt, von den Thatsachen ausgeht, ist dies zu beachten. Sehr oft und scharf wendet er sich gegen die englischen Schulverhältnisse, die wohl selten ein Engländer so verurteilt hat wie er. Aber in seinen absprechenden Urteilen geht er vielfach zu weit. Ihm schwebt bei der Erziehung ein Ideal von Bildung vor, das für einzelne philosophische Köpfe wohl geeignet sein mag, das aber für den mittleren Durchschnitt der Menschen kaum passen dürfte. Wir werden später sehen, welche ungeheuren Wirkungen er allein von der intellektuellen Bildung der Menschen erwartet. Er glaubt, dass die Regeneration der besseren Klassen Englands hauptsächlich von einer vollkommeneren intellektuellen Bildung ausgehen müsse. Das Bild, welches er von diesen Klassen in verschiedenen seiner Schriften entwirft, ist sicherlich zu düster gehalten; wenn er denselben die schärfsten Vorwürfe bezüglich ihres ganzen Charakters und ihres Wollens macht, wenn er sie einer fast eulenartigen Furcht vor dem Lichte der Wahrheit bezichtigt, so ist das übertrieben. Und wenn die reichen und mittleren Klassen Englands wirklich so entnervt wären, dann ist doch fraglich, ob die intellektuelle Bildung allein ausreichen wird, um eine Besserung eintreten zu lassen. Aber beide Mills, Vater und Sohn, hatten von jeher einen Zahn auf diese Klassen und deren zähes Festhalten an alten Ansichten, wie ihnen auch besonders die veralteten aristokratischen Einrichtungen ihres Landes zuwider waren. Mit vielen Ansichten, welche John Stuart Mill in Bezug auf die sittliche Hebung des englischen Volkes hegt, wird er wenig Anklang bei seinen konservativen Landsleuten finden; noch weniger aber mit einigen praktischen Vorschlägen. Schon vor langer Zeit, als man in England noch gar nicht an die Einführung der allgemeinen Bildungspflicht dachte, die man dort jetzt wenigstens ernsthaft erörtert, war Mill ein entschiedener Verteidiger dieser Pflicht; schon sehr frühe, als man in ganz England in politischen Dingen noch den Theorien von der möglichst grossen Freiheit des Individuums anhing, hatte er die Ueberzeugung gewonnen, dass der Staat das Recht habe, von seinen Unterthanen einen gewissen Grad von Bildung zu verlangen. Obgleich die englische Regierung seit einigen Jahren ausserordentlich viel für den Unterricht der unteren Volksklassen thut, darf sie doch nicht daran denken, die allgemeine Schulpflicht als Gesetz einzuführen, denn die grosse Masse des englischen Volkes hat gegen die allgemeine Schul- wie auch gegen die allgemeine Wehrpflicht eine eingefleischte Abneigung. Man braucht nur eine Parlamentsrede zu hören, wie die eines Abgeordneten, Mr. Leatham, um zu erkennen, wie noch immer der alte freie, angelsächsische Geist mit seinem fast trotzigen Unabhängigkeitsgefühl lebt, der sich mit aller Gewalt gegen jede Schranke stemmt, welche ihm staatliche Autorität setzen will. Mr. Leatham sagte bei Gelegenheit einer Sitzung, in der über die allgemeine Schulpflicht geredet wurde, das Folgende: „Es ist allerdings etwas Grosses, immer einen Schutzmann zu finden, wenn man seiner bedarf, und das ganze Leben hindurch genau kontrolliert zu werden; aber das Land, dem wir angehören, ist gross geworden trotz dieses Systems, trotz dieser Grundsätze, und wir sind noch blind und altfränkisch genug, uns zu freuen, dass wir keine gedrillte Nation sind, dass wir nicht von der Wiege bis zum Grabe registriert und inspiziert und klassifiziert werden, dass noch jedes Engländers Haus sein „Castle" ist; wir sind noch immer so thöricht und so voller Vorurteile, uns zu freuen, dass wir noch frei sind, ja frei, vieles zu thun, was nicht gut für uns ist, und viele Dinge zu lassen, die gut für uns sind; aber gerade in dieser Freiheit besteht das Leben. Und es ist dieses freie Leben, welches bei all unserer vermeintlichen Inferiorität in vielen Dingen in uns das Gefühl erzeugt, dass es etwas Edleres und Stolzeres ist, ein Engländer zu sein, als ein Bayer oder gar vielleicht ein Würtemberger." Ohne Zweifel hat dieser Redner mit diesen Ausführungen die starke Majorität des englischen Volkes auf seiner Seite. Aber es sind geradezu Mill'sche Gedanken, mit denen der Redner der kleinen Minorität, Mr. Mundella, den wir selbst vor einigen Jahren im englischen Parlament hörten, die Gründe Leatham's zurückwies und für die allgemeine Schulpflicht eintrat; er zeigte den Missbrauch, den man hier mit dem Begriffe Freiheit triebe, widerlegte die irrige Auffassung der deutschen Verhältnisse und hob ausdrücklich hervor, dass die allgemeine Schulpflicht eine notwendige Folge der Reformation sei. Wie viele der Mill'schen Vorschläge, welche, als er sie vorbrachte, nur sehr wenige Anhänger zählten, an welchen er deshalb aber nur um so zäher festhielt, so hat auch jetzt die Idee der allgemeinen Schulpflicht viele Anhänger in England gewonnen, und manche halten die praktische Durchführung nur noch für eine Frage der Zeit.

Ausführlicher behandeln wir in dieser Arbeit das, was Mill selbst in seinen Schriften ausführlich behandelt hat: die Erziehung im allgemeinen; dann die Bedeutung des Unterrichtes in der Philosophie und den klassischen Sprachen für die Erziehung. Da er kein Pädagoge als solcher ist, der in systematischer Weise seine Wissenschaft behandelt hätte, so hat er viele Fragen gar nicht erwähnt oder nur ganz flüchtig berührt. So erklärt er sich einmal kurz und bestimmt gegen jeden besonderen Unterricht in Geschichte und Geographie, denn die notwendigen Kenntnisse aus diesen Gebieten könne sich jeder strebsame junge Mann allein aus sich selbst aneignen. Aehnlich drückt er sich über die Kenntnis des Französischen und Deutschen aus; er will keinen Engländer für einen wohlgebildeten Menschen halten, der nicht diese beiden Sprachen näher kennt, aber er betrachtet sie nicht eingehend als notwendige Bestandteile der Erziehung. — Wir wenden uns nun zu den Ansichten Mill's über die Erziehung im allgemeinen.

In Stuart Mill's „System der induktiven Logik" befindet sich ein Kapitel, welches er benennt: „Von der Ethologie oder der Wissenschaft von der Bildung des Charakters." Seit Herbart trennt man auch in Deutschland scharf zwischen Erziehung und Unterricht. Die Erziehung hat es besonders mit der Bildung des Charakters zu thun. Jetzt beginnt man immer mehr den Unterricht in den Dienst der Erziehung zu stellen: daher die Lehre vom erziehenden Unterricht, von der in der deutschen Pädagogik jetzt so viel Aufhebens gemacht wird. Seit Wiese's Deutschen Briefen über Englische Erziehung wissen wir, dass der Engländer schon seit langer Zeit stets das grösste Gewicht auf die eigentliche Erziehung gelegt hat: er will vor allem, dass seine Söhne einen festen, bewussten Charakter haben, dass sie im besten Sinne des Wortes „Gentlemen" werden sollen. Viel weniger Gewicht als der Deutsche legt der Engländer auf die Aneignung von Kenntnissen. So kommt es, dass der Engländer fast immer von „Education", Erziehung, und seltener von „Instruction", Unterricht spricht. In Deutschland ist es eher umgekehrt, da man mehr Gewicht auf das Unterrichten als auf das Erziehen legt.

Stuart Mill sucht die Grundlagen zu der neuen Wissenschaft der Ethologie auf; Ethologie leitet er von ἦθος ab, welches dem Worte „Charakter" besser entspreche, als irgend ein anderes Wort. Grade wie der Name Psychologie für die Wissenschaft von den Gesetzen des Geistes angewendet wird, so würde Ethologie der Name für die Wissenschaft sein, welche lehrt, wie der Charakter sich aus einer Reihe von physischen und moralischen Umständen bildet. Auf diese neue Wissenschaft muss sich nun die ganze Kunst der praktischen Erziehung gründen. Es ist dabei im Auge zu halten, dass nicht allein die Bildung des Charakters der einzelnen Menschen, sondern auch die Bildung des Charakters ganzer Nationen und grosser Gemeinschaften berücksichtigt werden muss. Mill hebt aber ausdrücklich hervor, dass, wenn auch einmal die Gesetze, nach denen der Charakter sich bildet, in möglichst genauer und ausführlicher Bestimmtheit aufgefunden worden seien, man doch nicht immer in der Lage sei, einen Charakter völlig vorher zu bestimmen, selbst wenn man die einzelnen Umstände, unter welchen der Charakter sich entwickelt, sehr genau kennen würde. Aber sehr oft kann auch ein Wissen, das nur Anspruch auf Wahrscheinlichkeit macht, von grossem praktischen Wert sein; und das werde bei der Ethologie der Fall sein. Die Wahrheiten dieser Wissenschaft würden sich wie empirische Gesetze verhalten; sie würden nicht sagen, dass etwas immer ganz gewiss eintreffen muss, sondern sie können nur behaupten, dass eine bestimmte Ursache in dieser oder jener Weise wirken wird, wenn sie ungehindert wirken kann: z. B. gilt es als ausgemacht, dass körperliche Stärke den Menschen mutig macht, nicht aber, dass jeder Mensch, der körperliche Kräfte besitzt, in dem Masse seiner Kräfte mutig sei; ebenso glauben wir, dass jemand, der an einer Streitfrage Interesse hat, geneigt ist, sich ein parteiisches Urteil zu bilden, nicht aber, dass ein solcher dieses immer und überall thun müsse. In diesen Sätzen werden nur gewisse Bestreben, dass etwas geschehen wird, ausgedrückt. — Die Ethologie würde in mancher Hinsicht das Gegenstück zur Psychologie sein. Die Psychologie sucht die Gesetze des Geistes auf und bestimmt dieselben näher, während die Ethologie die Wirkung dieser Gesetze unter den verschiedensten Verhältnissen nachweist. Die Psychologie ist schon jetzt eine wirkliche Wissenschaft, während die Ethologie dies noch werden muss; sie muss sich auf die Gesetze der Psychologie stützen, wenn sie systematisch durchgearbeitet werden soll. Stuart Mill hält es für möglich, schon jetzt allgemeine Gesetze für die Charakterentwicklung aufzustellen, nach denen sich dann die verschiedenen Charaktertypen ergeben müssen, wenn eine Reihe von Umständen vorliegt. Der Hauptgegenstand dieser Wissenschaft würde sein, den Ursprung aller Eigenschaften menschlicher Wesen, die für uns von Interesse sind, nachzuweisen; durch welche Umstände dieselben also zu erzeugen, zu vermeiden oder auch bloss zu verstehen sind. Die Ethologie würde in der That die Grundlage zu der praktischen Erziehung sein; diese letztere wäre dann eine Art Uebertragung der Gesetze der Ethologie auf die Praxis, für die man ein einfaches System von Vorschriften ausarbeiten müsste. — Stuart Mill ist sich der Mängel der neuen Wissenschaft klar bewusst. Er weiss, dass es sehr schwierig sein wird, die Gesetze der Charakterbildung zu erforschen, da man hierzu eine hinreichend grosse Anzahl menschlicher Wesen von der Kindheit bis zum Alter genau zu beobachten hätte. Wenn man aber einen Fall mit wissenschaftlicher Genauigkeit durchführen wollte, so müsste man die geringsten Empfindungen und alle Eindrücke, welche das Kind empfangen, selbst bevor es sprechen konnte, alle Begriffe und Vorstellungen, die sich bei ihm entwickelt haben, alle Umstände und Verhältnisse, die auf dasselbe eingewirkt haben, genau kennen. Dass dieses aber unmöglich ist, liegt auf der Hand, da ganz unbedeutende Umstände und Eindrücke, die man sehr leicht übersehen könnte, einen ungeheuren Einfluss auf die Bildung des Charakters haben können. So wird nicht viel anders übrig bleiben als die einfache Beobachtung. Und stets wird es sehr schwierig sein, den wirklichen Charakter eines Menschen, selbst wo man alle Einflüsse und Einwirkungen möglichst genau kennt, richtig zu bestimmen; man braucht ja nur daran zu denken, wie die allernächsten Freunde eines Mannes über ganz wesentliche Charaktereigenschaften desselben so oft ganz anderer Meinung sind. Aber das kann man erreichen, dass man sagen kann, unter welchen Umständen gewisse besondere geistige Eigenschaften oder Mängel am häufigsten existieren. Dafür giebt Stuart Mill ein Beispiel an, das auch als solches noch für seine Denkweise bezeichnend ist: er glaubt, dass die wichtigsten Unterschiede in dem Charakter der Männer und Frauen künstliche seien, entstanden durch die Verschiedenheit der Erziehung, der Beschäftigungen und der ganzen sozialen Stellung. Wenn man nun annehmen darf, dass die Bildung dieser Verschiedenheiten des Charakters nach ganz bestimmten Gesetzen geschähe, so wäre vielleicht der Schluss auch ein richtiger, dass diese Verschiedenheiten, wenn beide Geschlechter gleiche Freiheit und die gleiche unabhängige soziale Stellung besässen, was in einer nicht sehr entfernten Zeit der Fall sein dürfte, entweder ganz verschwinden oder sich doch sehr verändern würden.

Hier müssen wir einiges erwähnen, was wir der Selbstbiographie Stuart Mill's entnommen haben. In diesem Buche giebt nämlich der Verfasser eine sehr ausführliche Schilderung der verschiedenen Einflüsse, durch die sein eigener Charakter bestimmt worden ist; dann wendet er auch die Gesetze, die bei der Ethologie zu berücksichtigen sind, auf seinen eigenen Entwicklungsgang an. Schon in früher Jugend hat er ernstlich diese Ideen in den Bereich seiner Betrachtungen gezogen. Eine ganze Zeit hindurch, erzählt er, verfiel er sogar in eine Art von Trübsinn, der dadurch entstand, dass die Lehre von der philosophischen Notwendigkeit wie ein Alp auf seinem ganzen Leben lastete; unter dieser Lehre verstand er die Annahme, wonach er der hilflose Sklave von vorhergegangenen Umständen sei und sein Charakter wie der aller Menschen notwendig durch Verhältnisse gebildet werde, an denen der einzelne aus sich selber gar nichts machen und ändern könne. Dieser Gedanke machte Stuart Mill ernste Sorge, der er sich erst durch die Ueberlegung entledigen konnte, dass, wenn auch der Charakter durch die Umstände gebildet werde, so doch unsere Begierden viel thun können, um diese Umstände zu gestalten; mit anderen Worten: dass der freie Wille des Menschen unsere künftigen Gewohnheiten durch Beeinflussung der Umstände in hohem Grade zu ändern vermag. Daher auch der unerschütterliche Glaube Mill's an die Möglichkeit, den moralischen und geistigen Zustand der Menschen durch die Erziehung zu verbessern und zu vervollkommnen. Im Gegensatz zu gewissen deutschen Philosophen der neuesten Zeit hält er mit aller Entschlossenheit an der Ansicht fest, dass durch die Erziehung sich alles erreichen lasse; er kann nicht müde werden, diesen Gedanken in seinen Schriften hervorzuheben. Er betont auch, dass schon sein Vater für diese Lehre mit aller Energie eingetreten sei; ähnlich wie früher bei uns Pestalozzi, der diesen Gedanken mit der ganzen Kraft seines Wesens und mit vollster Ueberzeugung vertreten und in mannigfachster Weise durchgearbeitet hat.

Wenn wir Stuart Mill's Charakterentwicklung betrachten, wie er sie selbst beschreibt, so finden wir, dass die nachhaltigste Einwirkung von seinem eigenen Vater ausgegangen ist. Vielleicht würde es für die praktische Erziehung von dem grössten Werte sein, wenn man mehr Schriften besässe, in welchen bedeutende Männer ihre Erziehung und ihre ganze geistige

Entwicklung in gleich genauer Ausführlichkeit geschildert hätten. Das könnte die wirkliche Erziehung mehr fördern und ihr richtigere Wege weisen, als viele von den sogenannten wissenschaftlich-pädagogischen Arbeiten, die jetzt in Deutschland den Markt zu beherrschen drohen.

Die moralische Einwirkung, welche der Vater Stuart Mill's auf ihn ausübte, war eine ganz gewaltige. Die Grundsätze, zu denen sich sein Vater bekannte, waren rein philosophische, die sich ihm aus dem Studium der griechischen Philosophen ergaben. Sokrates war ihm stets ein Vorbild praktischer Tugenden, dem man nacheifern müsste. Diese Tugenden hielt ihm sein Vater oft vor Augen: Gerechtigkeit, Mässigkeit, Wahrheitsliebe, Beharrlichkeit, die vor keiner Mühe und Arbeit zurückschrickt, Eifer für das Gemeinwohl, Würdigung der Person nach ihren Verdiensten und der Dinge nach ihrem Wert, ein Leben der Thätigkeit im Gegensatz zu jeder verweichlichenden Ruhe und Trägheit. Sein Vater fasste diese Lehren in kurze Vorschriften zusammen, prägte sie bei jeder Gelegenheit dem Sohne ein, und wandte sie als Ermahnung, oft auch als strengen Tadel und als Ausdruck der Verachtung an.

Mehr noch als durch diese unmittelbaren Vorschriften wirkte sein Vater durch das hohe, edle Beispiel, das er dem Sohne durch sein eigenes Verhalten gab. Und so wird es immer sein: eine streng sittliche Persönlichkeit, ein fester Charakter wird stets auf alle diejenigen, zu denen er in einem näheren Verhältnis steht, einen veredelnden, erziehenden Einfluss ausüben, der tiefer und nachhaltiger wirken wird, als es Vorschriften je können. In Ausdrücken der innigsten Dankbarkeit spricht Stuart Mill stets von seinem Vater. Ihm scheint der Vater alles gewesen zu sein, während er seiner Mutter aus Gründen, die wir nicht kennen, gar nicht gedenkt. Wenn ihm nun der gemütliche Einfluss der Mutter gefehlt hat, so ist vielleicht der Schluss gerechtfertigt, dass daher der nüchterne, verstandesmässig trockene Ton rührt, der einen Grundzug in den Werken Stuart Mill's bildet. So blieb es nicht aus, dass der Sohn sich ganz die Lebensanschauungen des Vaters aneignete. Die persönlichen Eigenschaften desselben waren vorzugsweise stoisch; seine Moral dagegen fand ihren Ausdruck in der des Epikur, insofern sie eine utilitarische war, die das Gute und das Schlechte an den Handlungen danach beurteilte, wie sie imstande sind, Vergnügen oder Schmerz zu bereiten. Aber er hielt sehr wenig vom eigentlichen Vergnügen; er glaubte sogar, dass die meisten Verirrungen der

Menschen daher rührten, dass sie das Vergnügen zu hoch schätzten; den Wert des Lebens stellte er überhaupt nicht hoch, zumal wenn die Frische und Empfänglichkeit der Jugend vorüber sei. Das Ideal seines Vaters war die Mässigkeit im allgemeinen Sinne des Wortes; der Hauptzweck jeder Erziehung müsse daher sein, zur Mässigkeit zu erziehen und alle Leidenschaften und heftigen Begierden zu dämpfen.

Wie in dieser Weise sein Vater direkt seine Ansichten und seinen Charakter bestimmte, so hat später von allen neueren Philosophen der französische Positivist August Comte namentlich in ethischen Anschauungen die Denkweise Stuart Mill's beeinflusst. In einem Aufsatz über die späteren Forschungen Comte's entwickelt Mill im Anschluss an Comte seine eigenen ethischen Ansichten, die in einigen Beziehungen denjenigen Comte's entgegengesetzt sind. Hier spricht er das Moralgesetz aus, wie es nach seiner Ansicht für die ganze Menschheit gültig sein müsste; er ist in seinen Anforderungen bescheiden; er glaubt, dass ein solches Gesetz nicht mehr verlangen dürfte, als dass die Menschen verhindert würden, anderen Schaden zu thun, oder das Gute zu unterlassen, was sie zu leisten unternommen haben. Das ist sehr nüchtern und prosaisch; und doch muss man Stuart Mill beipflichten, wenn er sagt, dass bei solcher Anforderung die Menschen am weitesten gelangen würden, denn wenn dem natürlichen Thatendrang der Menschen alle schädlichen Richtungen verschlossen sind, so werde er sich in die heilsamen ergiessen. Aber Mill weiss ganz genau, dass ausserdem der moralische Wert sich bis zum erhabensten Heroismus steigern lässt; und diese höheren Grade soll man durch jede positive Ermunterung fördern, aber nicht in eine wirkliche Verpflichtung verwandeln. Keine Mühe dürfe zu gross sein, um den Wunsch zu wecken und die Gewohnheit zu entwickeln, anderen und der Welt überhaupt zu nützen; weit über die Grenzen, welche die direkte Pflicht vorschreibt, werde man eine positive Tugend im Auge halten, wo von jeder Rücksicht auf Belohnung oder persönliche Anerkennung keine Rede mehr sein werde. Damit nähert er sich dem vielgenannten Altruismus Comte's, nach welchem jeder in seinem ganzen Denken und Handeln mehr an die anderen und deren Bestes denken soll, als an sich selber; nur dass er diese Anforderung als ein ideales Ziel betrachtet, dem die Menschheit in der individuellen wie der Massen-Erziehung nachstreben soll. Mit grosser Vorliebe entwickelt Mill in verschiedenen Schriften seine Ansichten über die Erziehung zum Heroismus. Er glaubt, dass eines Tages die

Jugend wieder systematisch zur Kasteiung angehalten werde, und dass sie, wie im Altertum, gelehrt werde, ihre Gelüste zu beherrschen, Gefahren zu trotzen und freiwillig Schmerzen zu ertragen, und zwar alles dieses einfach als pädagogische Uebung. Er erkennt deutlich, dass in England wenigstens, wo nicht mehr jeder Bürger zum Soldaten erzogen wird, manches dadurch wohl gewonnen, aber auch sehr viel verloren worden sei; denn nirgendwo anders als im Heeresdienst biete sich eine solche Gelegenheit, männliche Tugenden, wie Entschlossenheit, Mut, Ausdauer, Eintreten des einen für den anderen zu entwickeln.

In einem Aufsatz über „Civilisation" spricht Stuart Mill auch über die Erziehung zum Heroismus. Hier zeigt er, wie mit der zunehmenden Civilisation die persönliche Sicherheit und das Wohlbefinden des Einzelnen allerdings zunehmen, dabei aber die menschliche Vervollkommnung nicht gleichen Schritt hält; im Gegenteil: weil eben der Einzelne sich sicherer und behaglicher fühle, und weil die Bedeutung des einzelnen Individuums gegenüber derjenigen der Masse abnehme, so verringere sich die individuelle Thatkraft, und vor allem, da die Gelegenheit zur Bethätigung fehle, gehe die heroische Lebensauffassung fast ganz verloren. Er sagt: der Heroismus besteht wesentlich darin, dass man um eines würdigen Zweckes willen bereit ist, das Schmerzliche oder Unangenehme zu leiden und zu thun, vorzüglich aber zu thun, und wer sich die Fähigkeit dafür nicht frühzeitig aneignet, wird nie ein grosser Charakter werden. Bei der verfeinerten Klasse, bei der ganzen Schicht der Gesellschaft, die man in England unter dem Namen Gentlemen umfasst, hat sich allmählich eine Art moralischer Verweichlichung eingeschlichen, die zu jedem Ringen untauglich macht. Sie schrecken vor jeder Anstrengung, vor allem, was lästig und unangenehm ist, zurück. Dieselben Ursachen, welche sie träge machen und ihren Unternehmungsgeist lähmen, geben ihnen allerdings in der Regel stoische Fassung, wenn es gilt, unvermeidliche Uebel zu ertragen. Aber Heroismus ist eine thätige, nicht eine leidende Eigenschaft, und überall, wo es nötig ist, den Schmerz nicht bloss zu tragen, weil man nicht anders kann, sondern ihn freiwillig aufzunehmen, werden wir von den Männern unserer Tage nicht viel erwarten dürfen. Sie mögen sich keiner Anstrengung unterziehen, keinen Spott und kein Gerede böser Zungen ertragen; sie haben nicht die Kühnheit, irgend jemand aus dem Kreise ihres geselligen Verkehrs etwas Unangenehmes zu sagen, und selbst wenn eine Nation hinter ihnen steht, wagen sie nicht der Gefahr zu trotzen, dass irgend eine kleine Coterie, in der sie sich zu bewegen pflegen, sie mit kaltem Blick betrachten könnte. Die Schlaffheit und Mutlosigkeit ist als charakteristisches Zeichen eines ganzen Zeitalters eine neue Erscheinung, aber mit einigen Modifikationen, die sie durch den verschiedenen Charakter der einzelnen Nationen erfährt, ist sie eine natürliche Folge des Fortschritts der Civilisation, und wird fortdauern, bis ihr ein System der Erziehung gegenübertritt, das geeignet ist, ihrem Einfluss entgegen zu wirken.

An sich selber mag Stuart Mill den wohlthätigen Einfluss einer strengen und gewissenhaften Zucht, wie sie ihm sein Vater angedeihen liess, erfahren haben. Dadurch bekräftigte sich die Ansicht bei ihm, dass Knaben durch blosse Ueberredung und gute Worte überhaupt nicht bewogen werden können, sich mit Kraft und Ausdauer auf harte, nüchterne und trockene Studien zu verlegen. Er glaubt mit Recht, dass, weil Kinder viel thun und viel lernen müssen, strenge Zucht und der Hinblick auf Züchtigung nicht als Sporn entbehrt werden kann. Er erkennt die Berechtigung der neueren Erziehungsmethoden an, wonach man der Jugend das Lernen möglichst interessant und leicht zu machen sucht; allein er fürchtet, dass eins der Hauptziele der Erziehung geopfert werde, wenn nur das noch gelernt zu werden brauche, was leicht und interessant sei; so werde ein Geschlecht herangezogen, das unfähig sei, in Dingen, die ihm nicht angenehm sind, etwas zu leisten. Man könne in der Erziehung das Element der Furcht nicht entbehren, aber sie darf nicht vorwiegen; denn wenn die Furcht bei einem Kinde derart überwiegt, dass bei ihm die Liebe und das Vertrauen zu denjenigen erstickt wird, auf deren Rat es sich auch später noch rückhaltlos sollte verlassen können, so wird ein Uebel geschaffen, das von grosser Bedeutung ist.

Bei Stuart Mill lässt sich die Erziehung nur im allgemeinsten Sinne des Wortes auffassen; es wäre geradezu falsch, wollte man bei ihm, der Nationalökonom ist und das Leben und Treiben der Völker im Grossen betrachtet, nur dasjenige über Erziehung betrachten, was dazu nach der gewöhnlichen pädagogischen Auffassung gehört. Wie wir schon gesehen haben, geht er bei seinen Erörterungen über die Erziehung oft von derjenigen des einzelnen zu der ganzer Völker über. Und so glauben wir berechtigt zu sein, hier von seinen Ansichten über politische Erziehung handeln zu dürfen.

Schon zu der Zeit, in der die herrschenden Kreise in England und zahlreiche Männer fast in allen Ländern Europas noch in den Lehren des reinsten Manchestertums befangen waren, sah Stuart Mill mit voller Klarheit, dass das vollständige freie Sichgehenlassen nicht der letzte Schritt in der Entwicklung der menschlichen Gesellschaft sein werde; er war frühe überzeugt, dass die freie individuelle Konkurrenz erschöpft sei, und dass durch dieselbe sich in vielen Dingen ein Zustand entwickelt habe, der ganz unerträglich sei. Sehr oft hebt er die Gefahren hervor, welche der immer zunehmende Industrie- und Handelsgeist und welche die demokratischen Staatsformen, bei der die Masse allmählich das einzelne Individuum in seiner Bedeutung unterdrücken werde, für den Charakter im Gefolge haben können. Wenn er auch stets der Ueberzeugung war, dass dasjenige, was individuelle Konkurrenz thun kann, sie auch am besten zu thun pflegt, so glaubt er doch, dass eben individuelle Konkurrenz nicht alles thun kann. Und das gilt besonders von den Einrichtungen der Erziehung; darüber entwickelt Stuart Mill fast preussische Ansichten, wenn man so sagen darf: die Regierung selbst und damit aber die intelligentesten Männer des Staates könnten am besten beurteilen, was zu lehren notwendig sei; das könne aber unmöglich die Masse des Volkes. Das sind Ansichten, welche denjenigen, die jetzt noch in England die herrschenden sind, völlig widerstreiten. Denn die Ansichten von Freiheit, welche der Engländer auf dem Gebiete der Politik und des Handels und Verkehrs besitzt, hat er auch auf Erziehung und Unterricht übertragen. In England besteht, wie erwähnt, bis jetzt noch kein Bildungszwang, wie kein Zwang zum Waffendienst, während man für Deutschland vielleicht behaupten darf, dass diese beiden grundlegenden Pflichten des Bürgers dem Gemeinwesen gegenüber jetzt als so selbstverständliche angesehen werden, dass sie über jeder ernsthaften Erörterung stehen.

Die Gedanken Stuart Mill's über die politische Erziehung des Bürgers stammen im Grunde aus den Anregungen, welche er aus dem Studium der Schriften Wilhelm von Humboldt's empfangen hat. Für diesen Denker unseres Vaterlands hegte er stets eine nahezu unbegrenzte Ehrfurcht. Auf Wilhelm von Humboldt ist eins der wichtigsten Bücher Stuart Mill's, „On Liberty", zurückzuführen. In dieser Arbeit, an der auch seine Frau einen grösseren geistigen Anteil als an irgend einer anderen hat, erörtert er in klassischer Form die Freiheit des einzelnen wie die ganzer Völker. Wie Wilhelm von Humboldt verlangt Stuart Mill, dass die Menschen sich möglichst frei entwickeln, dass sie ihre Kräfte nach allen Seiten hin entfalten können. Der grosse, leitende Gedanke, auf dem die ganze Entwickelung des einzelnen Menschen wie ganzer Völker beruhe, der allerdings Jahrtausende lang nur auf wenige Denker beschränkt blieb, aber niemals ganz verschwand, ist nach Mill: das Recht der moralischen wie geistigen Natur, sich in ihrer eigenen Weise zu entwickeln. Auf dem Kontinent ist dieser Gedanke besonders durch Pestalozzi in Fluss gekommen und in die weitesten Kreise gedrungen: und bei den meisten grossen Denkern Deutschlands findet sich der Gedanke von dem Recht und der Pflicht der Selbstentwickelung in der verschiedensten Weise ausgedrückt. In England und in Amerika ist die Lehre von der Individualität oder, wie man sie auch genannt hat, von der Souveränität des Individuums mit grosser Begeisterung aufgenommen und in der Politik eine Grundlehre geworden.

Stuart Mill wendet sich in diesem Buch auch gegen die falsche Auffassung der Freiheit, namentlich dagegen, wie man in England die Rechte des Staates gegenüber den Eltern und deren Kinder betrachtet. Die Eltern oder vielmehr der Vater, denn dieser hat ja alle Rechte in der Hand, gilt so sehr als unumschränkter Herr über seine Kinder, dass er auf keinen Fall gestatten mag, dass die Regierung in seine Rechte auf die Kinder eingreife. Wohl erkennt man jetzt auch in England an, dass der Staat das unbestrittene Recht hat, von jedem menschlichen Wesen, das in seinen Grenzen geboren wird, eine gewisse Bildung zu verlangen, dass es weiter eine der wichtigsten Pflichten der Eltern ist, dass sie ihren Kindern eine Ausbildung zu teil werden lassen, vermöge deren sie ihre Stelle im Leben ausfüllen können. Aber andrerseits duldet man kein Einschreiten des Staates, dass er den Vater dazu zwinge, den Kindern eine solche Ausbildung zu geben. Stuart Mill geht in den Anforderungen des Staates an die Bürger noch viel weiter, als sie in Deutschland in voller Form schon bestehen: er will nicht nur den Bildungszwang, d. h. also Schulzwang; er fordert sogar, dass der Staat das Heiraten verhindere, wo nicht genügende Aussicht vorhanden sei, die Kinder zu ernähren und ihnen die nötige Bildung angedeihen zu lassen. Er hält es für eine Art von sittlichem Verbrechen, wenn einem Kinde das Dasein gegeben werde, und die Eltern desselben nicht hoffen dürften, demselben die nötige körperliche und geistige Ausbildung zuteil werden zu lassen. Der Staat hat nach seiner Ansicht nicht allein das Recht, die nötige Bildung zu verlangen, sondern auch das Recht, von den Eltern zu fordern, dass diese Bildung entweder ganz oder zum grössten Teil auf ihre Kosten geschehe. Aber darauf besteht ganz entschieden Stuart Mill, und darin zeigt er sich als echter Engländer, dass die Regierung kein Monopol aus der Erziehung mache; sie dürfe niemanden zwingen, dass er sich besonders an ihre Lehrer halte, und dürfe denjenigen, welche in ihren Schulen ausgebildet sind, keine besonderen Vorteile einräumen. Eine solche Regierung, fürchtet er, könne leicht einen zu grossen Einfluss auf das Volk und dessen ganzes Denken ausüben; dadurch aber, und besonders, wenn noch die fähigsten und intelligentesten Köpfe des Landes direkt im Dienste der Regierung ständen, würden alle individuellen Kräfte in einen Zustand der Erschlaffung geraten, jedenfalls aber nicht den Grad der Anspannung und Kraft erreichen, wie es in freieren Verhältnissen möglich sein würde. Der Staat dürfe wohl bestimmte Kenntnisse verlangen, aber es sei ganz unzulässig, wenn er noch vorschreiben wolle, wie und von wem dieselben zu erlangen seien. Ein gute Regierung werde ihre Unterstützungen immer in der Art gewähren müssen, dass dadurch alle individuellen geistigen Anstrengungen ermuntert und genährt werden; sie müsse dahin streben, alles, was die Unternehmungen der Einzelnen hindert und entmutigt, zu beseitigen, und alles, was sie erleichtert, zu befördern; ihre Unterstützungen sollten stets so eingerichtet sein, dass sie für die Unterthanen ein Lehrkursus in der Kunst sind, grosse Aufgaben durch individuelle Thätigkeit und freiwilliges Zusammengehen zu erfüllen. Wenn auch in vielen Fällen die einzelnen Individuen, so führt er ungefähr in seinem Buche über die Freiheit aus, dieselbe Sache nicht so gut thun können, wie die Regierung und ihre Vertreter, so sei es trotzdem wünschenswert, dass dieselbe Sache von ihnen und nicht von der Regierung gethan werde, weil dies ein Mittel sei, die geistigen Kräfte der Unterthanen anzuspornen, um ihr Urteil zu schärfen und sie mit den Dingen genauer bekannt zu machen, mit denen sie zu thun haben. Das wäre erst die wahrhaft nationale Erziehung des Bürgers; dadurch würde der einzelne aus dem engen Kreise seiner persönlichen Interessen herausgerissen und an das Verständnis allgemeiner Interessen gewöhnt. So lernen die Bürger aus öffentlichen oder halb öffentlichen Gründen handeln, sie sehen allgemeine Ziele, die für alle gelten, welche sie einigen, anstatt sie zu trennen. Ohne solche Gewohnheiten und Richtung der Kräfte könne auf die Dauer keine freie Verfassung bestehen, kein Volk sich lange auf einer hohen Stufe von Ansehen und Macht behaupten; denn der Wert eines Staates bestehe in dem Wert der einzelnen Individuen, welche denselben bilden. Mit Nachdruck hebt dann Stuart Mill hervor, dass ein Staat, welcher seine Bürger zu Zwergen macht, damit sie in seinen Händen gefügige Werkzeuge selbst für gute Zwecke werden, welcher die geistige Spannkraft und Arbeitslust einer guten Verwaltung nachstellt, finden wird, dass mit kleinen Menschen nichts wahrhaft Grosses geleistet werden kann, und dass die Vollkommenheit der Verwaltungsmaschinerie am Ende wenig nützt, wenn die vitale Kraft fehlt, welche jene treiben muss.

In der Rezension eines Werkes über die Demokratie in Amerika, in der sich Stuart Mill als ein etwas sehr begeisterter Bewunderer des grossen nordamerikanischen Staatswesens zeigt, obwohl er für die Schattenseiten desselben durchaus nicht blind ist, spricht er ähnliche Gedanken über Erziehung aus, wie die vorhin erwähnten. Er betont hier, dass Bücher und Reden allein keine Erziehung ausmachen, dass das Leben eine Aufgabe und nicht ein Lehrsatz sei, und dass man nur durch Handeln zu handeln lerne. Was man in Schulen lernen könne, sei wichtig, aber es reiche allein nicht aus: denn der Hauptzweig der Erziehung menschlicher Wesen ist ihre gewöhnliche Beschäftigung, die entweder in den Arbeiten ihres individuellen Berufes oder in einer Verrichtung von allgemeinem Interesse besteht, bei der sie mitzuwirken haben. Aber die gewöhnliche private Beschäftigung der meisten Menschen ist handwerksmässige Arbeit; sie wird meist so betrieben, dass die Menschen ihre ganze Aufmerksamkeit und alles Interesse nur auf sich selbst und ihre Familie, als einen Anhang des eigenen Selbst, konzentrieren, und so ganz gleichgiltig gegen höhere Ziele und edlere Interessen werden. Dagegen muss gewirkt werden; deshalb gebe man dem einzelnen etwas für das Publikum zu thun, man lasse ihn Gemeinderat, Geschworenen oder Wähler werden, und seine Gedanken werden bis zu einem gewissen Grade seinem engen Kreise entrückt. So wird er mit mannigfacheren Arten der Thätigkeit und umfassenderen Erwägungen vertraut; so lernt er, dass es neben den Interessen, die ihn von seinen Mitbürgern trennen, auch noch solche giebt, die ihn mit ihnen verbinden, dass das allgemeine Beste nicht nur auch ihm zu statten kommt, sondern auch zum teil von seiner Bemühung abhängt. Nach Stuart Mill's Ueberzeugung wird der Geist eines handeltreibenden Volkes in der Hauptsache überall dort knechtisch und niedrig sein, wo der Gemeingeist nicht durch eine ausgedehnte Beteiligung des Volkes an dem Detail des Regierungsgeschäftes Pflege und Aufmunterung findet, und der fromme Wunsch einer allgemeinen Verbreitung von Einsicht und Aufklärung unter den mittleren und niederen Klassen kann nur durch die allgemeine Verbreitung einer Teilnahme an öffentlichen Verrichtungen und einer Stimme in den öffentlichen Angelegenheiten verwirklicht werden.

Wenn es hiernach den Anschein haben kann, als wenn Stuart Mill ein eifriger Anhänger demokratischer Staatsformen wäre, so muss dagegen ausdrücklich erklärt werden, dass er die Form der Regierung stets nur für eine Frage der Zeit, des Ortes und der Umstände gehalten hat; und die politischen Verfassungen beurteilt er mehr nach ihrem Wert für die Moral und Erziehung als für die materiellen Interessen. — Obwohl jetzt in England das politische Leben fast ganz von den Reichen bestimmt wird und obwohl diese jetzt leider teilweise noch in dem Unterricht und der geistigen Hebung der Volksmassen einen Abbruch ihrer Interessen sehen, weil dadurch das Volk befähigt werde, ihr Joch abzuschütteln, so werden, wie Stuart Mill voraussagt, doch später auch in England die reichen Klassen einsehen, dass es durchaus in ihrem Interesse liegt, die Volksbildung zu fördern und dadurch wirklich unheilbringenden Irrtümern, wie denjenigen, welche zur Verletzung des Eigentums führen, vorzuarbeiten; denn die Reichen haben dann am meisten von den Armen zu fürchten, wenn diese ununterrichtet bleiben. Er glaubt, dass man in Preussen praktisch eine bessere Regierung habe als in England, man sorge dort mehr für die geistige Hebung des Volkes als unter dem repräsentativen System Englands; nur in einem gebildeten Volke liege die Bürgschaft für eine gute Regierung; so lange man aber so wenig Gewicht auf die Erziehung lege, habe man auch die Unwissenheit und damit die Brutalität der Massen zu fürchten.

Mill's eigenartige soziale Ethik zeigt sich auch noch in folgenden Gedanken: durch Erziehung und Gewöhnung müssten die Menschen wieder lernen, auch für allgemeine Zwecke zu arbeiten, nicht bloss, wie bisher, für selbstsüchtige Interessen; durch Erziehung und Gewöhnung könne auch der gemeine Mann dahin gebracht werden, dass er für sein Land jäte und grabe und webe, wie er es jetzt schon gelernt habe, für sein Vaterland zu kämpfen. Allerdings wird das noch sehr lange dauern, denn das Interesse am Gemeinwohl ist gegenwärtig eine sehr schwache Triebfeder. Wenn aber einst durch den täglichen Gang des Lebens der Gemeinsinn wieder in Thätigkeit gerufen und durch das Verlangen nach Auszeichnung und die Furcht vor Schande angespornt werde, so könne es auch möglich sein, alle wieder, und auch den gewöhnlichen Mann, zur heroischen Opferwilligkeit und eifrigen Anstrengung für das Gemeinwohl zu bringen; denn die eingefleischte Selbstsucht, welche den Grundzug der jetzigen Gesellschaft bildet, habe nur deshalb so tiefe Wurzeln geschlagen, weil sie durch die ganze bestehende Einrichtung des bürgerlichen Lebens aufrecht erhalten werde.

Wenn wir uns nun zu der Betrachtung der Ansichten über die intellektuelle Bildung, wie sie Stuart Mill an den verschiedensten Stellen in seinen Schriften ausspricht, zuwenden, so können wir uns hier der allgemeinen Bemerkung nicht enthalten, dass er den Wert und die Wirkung dieser Bildung ganz auffallend hoch anschlägt. Besserung der moralischen wie der materiellen Lage der einzelnen wie der Gesamtheit erwartet er von einer vollkommneren intellektuellen Bildung. Diese Anschauung kann sich dadurch bei ihm entwickelt haben, dass er, wie schon angedeutet wurde, selbst bei seinem Vater einen so eigenartigen Bildungsgang durchgemacht hat, in welchem er in ziemlich einseitiger Weise eine reine Verstandesausbildung erhielt, durch welche das Gemüts- und Empfindungsleben des Kindes fast ganz unterdrückt worden zu sein scheint. Schon als junger Knabe musste er viele Studien in Angriff nehmen, mit denen sich gewöhnlich erst das reifere Alter zu beschäftigen pflegt. Dadurch aber war es unmöglich, dass er mit Knaben seines Alters näheren Verkehr haben, sich an deren Spielen beteiligen und in ihre Sinnesweise hineinleben konnte. Sein ganzes Leben konzentrierte sich, wie er dies in seiner Selbstbiographie so anziehend beschreibt, auf die Studien und seine Bücherwelt; Kopf und Hand wurden dadurch zu jeder praktischen Thätigkeit des Lebens ganz ungeschickt. — Der harte, nüchterne Geist, dem es freilich nicht an einem gewissen Schwung und an einer tiefen, anhaltenden Begeisterung für die hohen Ziele, denen er nachstrebt, fehlt, zeigt sich in allen seinen Schriften, besonders in denjenigen über Volkswirtschaft. Da sieht man wieder, wie er die Instinkte und Empfindungen gar nicht achtet, und doch bestimmen diese weit mehr das Treiben der Menschen, als Stuart Mill annimmt. Wohl hat er vollkommen Recht, wenn er behauptet, dass die menschliche Civilisation ein Kampf gegen die Instinkte ist, und dass sie eben nur deshalb möglich sei, weil der Mensch, entgegengesetzt dem Tier, nicht notwendig seinen Instinkten zu folgen braucht. Aber er geht wohl zu weit in einer praktischen Anwendung dieser Ansichten, wonach er z. B. den arbeitenden und unvermögenden Klassen einfach die grösste Enthaltsamkeit in der Ehe empfiehlt, damit sie nicht mehr Kinder haben, als sie selbst ernähren und erziehen können, und damit sie so ihre eigene Lage verbessern. Diese Ansichten kommen uns in Deutschland seltsam vor. Auch glauben wir, dass ein jugendfrisches, kräftiges Volk wenig nach derartigen Theorien fragt, welche mehr für Völker passen, die sich in einer Art Greisenalter befinden, in welchem die langsame Reflexion vorwiegt und das gesunde, natürliche Empfinden abhanden gekommen ist. Auf der natürlichen Vermehrung des Volkes und den dadurch notwendigen schärferen Anstrengungen, um den Zuwachs zu ernähren, beruht vielleicht in erster Hinsicht mit der Fortschritt eines Volkes überhaupt. Jedenfalls glauben wir, dass die sorgfältigste Ausbildung des menschlichen Geistes nicht die Folge haben wird, dass das ganze Empfindungsleben des Menschen vom Verstand allein gelenkt wird.

In den wenigen Schriften, welche Stuart Mill über Erziehung geschrieben und in den zerstreuten Bemerkungen, welche er sonstwo über diesen Gegenstand macht, hat er stets die Bildung des englischen Gentleman im Auge, also desjenigen, der nicht im frühen Alter seinen Bildungsgang abbrechen muss, sondern sich, wie der Engländer sagt, eine liberale, und nach deutscher Ausdrucksweise eine höhere Bildung aneignet. Das ist eine Eigentümlichkeit fast sämtlicher bedeutenden englischen Denker, welche über Erziehung geschrieben haben, von Bacon und Locke herab bis auf Herbert Spencer und Stuart Mill: dem Engländer scheint es demnach fast unmöglich, sich zu einem höheren Standpunkt in der Erziehung hinaufzuarbeiten und allgemein menschliche Betrachtungen anzustellen, wie es Pestalozzi und die besten der deutschen Pädagogen gethan haben. Pestalozzi hat gerade immer die grosse Masse des armen, niedrigen, in seinem Elend versunkenen Volkes im Auge; die Arbeit seines ganzen Lebens hat er für die Hebung und Veredelung der grossen Massen eingesetzt. In England tritt dieser Begriff des Gentleman, auf den sich fast die ganze englische pädagogische Litteratur bezieht, auch im ganzen Leben äusserst scharf in den Vordergrund, derart, dass man hier wohl die Redensart anwenden kann, dass dort der Mensch erst mit dem Gentleman anfängt. Wenn nun selbst ein Denker wie Stuart Mill, dem man ein warm fühlendes Herz für die grosse Masse der Menschen nicht absprechen kann, für deren geistige Bildung kaum ein Wort hat, so kann man ersehen, wie der Engländer in seinen Betrachtungen immer vom Thatsächlichen ausgeht, wie er schliesslich ganz im Konkreten stecken bleibt und sich nur schwer zu allgemeinen Anschauungen hinaufarbeiten kann. So versteht man es auch, dass die ganze englische Denkweise, auch die philosophische, eine empirische ist. Daher bleibt so vieles, was Engländer geschrieben haben, nur auf ihr eigenes Land beschränkt.

Stuart Mill urteilt oft sehr scharf und abfällig über die englischen Bildungsverhältnisse. Dabei hat er gewöhnlich die grossen öffentlichen Schulen und Universitäten im Auge, auf denen der englische Gentleman seine Bildung erhält. Er hegt nicht, wie die meisten Engländer unseres Jahrhunderts, eine so grosse, oft übertriebene Ehrfurcht vor der Vergangenheit, vor alten Einrichtungen im Staat, in der Religion und in den Schulen. Er legt an die Verhältnisse einen reinen, oft zu konsequenten Verstandesmassstab an, und gelangt dabei zu Schlüssen, die schwerlich bei seinen Landsleuten allgemeine Zustimmung finden werden. Grade den grossen öffentlichen Schulen und Universitäten Englands mit ihren vielen altertümlichen Einrichtungen und Gebräuchen ist es in erster Linie zuzuschreiben, dass diese Ehrfurcht vor der Vergangenheit besteht, dass der Engländer so zäh am Althergebrachten festhält, dass er besonders in religiösen Dingen so hoch konservativ ist. Ueber vieles will der Engländer, wie richtig gesagt worden ist, gar nicht grübeln und denken, sondern er will handeln und praktisch thätig sein; zweifeln und grübeln aber mögen Völker, die Zeit dafür haben und nicht zu handeln verstehen. Stuart Mill hat jedoch wenig Sinn für die Vorzüge der englischen Schulen, die wieder gerade von Deutschen in vollem Masse anerkannt werden. Er würde kaum dem bekannten Ausspruche Wellington's zustimmen, der da sagte, dass die Schlacht bei Waterloo auf den Spielplätzen der englischen öffentlichen Schulen gewonnen worden wäre: Worte, welche an den jetzt mit Unrecht so viel bespöttelten Ausspruch vom preussischen Schulmeister, der Königgrätz gewonnen hat, erinnern, nur dass es in England wieder der Gentleman, bei uns der Mann des Volkes ist, um den es sich handelt. Wer die Arbeit Dr. E. Bernard's, meines Vorgängers im Amte: „Mitteilungen aus dem englischen Schulleben", Programm des Kreuznacher Gymnasiums 1881, liest, der sieht, dass noch jetzt auf den englischen höheren Schulen weniger Wert auf die Aneignung von Kenntnissen, das Hauptgewicht aber auf Ausdauer, Mut, Unterordnung im Spiele, Entschlossenheit, Selbstverleugnung und körperliche Geschicklichkeit gelegt wird. Das sind Eigenschaften, deren Wert man auch bei uns erkennt, die aber ebenso wie die rein geistigen Kräfte einer systematischen Pflege bedürfen, um sich gehörig zu entwickeln; es hat in der That und Gott sei Dank den Anschein, als wenn man jetzt bei uns in diesen Dingen vom Reden und Schreiben zum Handeln übergehen wollte.

Stuart Mill seinerseits betrachtet das System der öffentlichen Schulen, wie es in England seit Jahrhunderten gehandhabt wird, mit einem Gefühl, das, wie er sagt, dem äussersten Abscheu nicht mehr sehr fern liegt. Er ist fest davon überzeugt, dass die Wiedergeburt des individuellen Charakters der gebildeten und reichen Klassen nur durch Veränderung des Systems der grossen Erziehungsanstalten und Universitäten herbeigeführt werden kann; aber er weiss, dass obwohl dieses eine Sache grösster Dringlichkeit ist, doch für dieselbe jetzt noch nicht viel geschehen kann, da sowohl Wille als auch die Einsicht in den massgebenden Kreisen fehlen; er weiss, dass alles, worauf nach seiner Ansicht das Heil der nächsten und aller kommenden Generationen beruht, das Unglück hat, den verbreitetsten Ansichten seiner Zeit zu widerstreben.

In einer längeren Rezension über einen Vortrag, den ein englischer Gelehrter, Professor Sedgwick, über die Studien an der Universität Cambridge gehalten hat, beklagt Mill, dass England nicht mehr wie früher an der Spitze der Wissenschaften stehe und nicht mehr in jenen Studien, durch welche grosse Geister gebildet werden, einen hervorragenden Platz behaupte. Das rühre aber daher, weil man es nicht mehr für den Zweck der höheren Erziehung halte, dass der Zögling in den Stand gesetzt werde, selbst über das urteilen zu können, was wahr und was unrecht sei, sondern man sorge nur noch dafür, dass man ihm die Ansichten seiner Lehrer einimpfe; man bilde Jünger, aber nicht wahre Denker und ernste Forscher heran. Gegen dieses eingewurzelte Vorurteil, gegen diesen tiefgehenden Irrtum müsse aber jeder ernste Reformator des englischen Erziehungswesens mit aller Macht ankämpfen. Ausserdem rügt er noch die Mängel, welche der nivellierende Einfluss des demokratischen Regiments überhaupt und thatsächlich in England hat, wie der allgemeine Massstab des menschlichen Geistes dadurch herabgedrückt werde, ja wie es bei vielen als das Zeichen eines grossen Geistes gelten müsse, dass er mit den Meinungen der Menge übereinstimme. Dagegen müssen die Universitäten helfen, denn hier sollen Geister herangebildet werden, welche ihren Bürgern auf den Bahnen der Tugend, der Einsicht und der Förderung der allgemeinen Wohlfahrt als Führer zu dienen geeignet sind. Das sei der edlere und wichtigste Zweck, weshalb Universitäten bestehen sollen. Viele von den harten Vorwürfen Stuart Mill's mögen nicht mehr gelten, aber einige sind jetzt noch von Bedeutung. Er hält die französischen und deutschen Universitäten den englischen als Muster vor; er wünscht, dass die Begeisterung für umfassende Forschung, wie sie dort herrsche, auch die englische studierende Jugend durchglühe. Mit aller Kraft dringt er darauf, dass endlich das Prinzip des dogmatischen Unterrichts mit der Wurzel ausgerissen werde. Und so sind die Worte aufzufassen, die er in dem schon erwähnten Aufsatz über Civilisation ausspricht: „Der wahre Grundstein einer auf die Heranbildung grosser Geister berechneten Erziehung muss die Anerkennung des Grundsatzes sein, dass es ihre Aufgabe ist, den höchsten überhaupt möglichen Grad geistiger Kraft hervorzurufen und die intensivste Liebe zur Wahrheit einzuflössen, und zwar ohne die mindeste Rücksicht auf die Resultate, zu denen die Thätigkeit dieser Kraft führen kann, selbst auf die Gefahr hin, dass der Schüler zu Meinungen gelangt, die denen seiner Lehrer diametral zuwiderlaufen. Wir sagen dies, nicht weil wir Meinungen für unwichtig halten, sondern gerade weil wir ihnen eine unermessliche Bedeutung beilegen; denn in dem Masse, als es uns gelingt, einen höheren Grad geistiger Kraft, eine stärkere Liebe zur Wahrheit hervorzurufen, steigert sich auch die Gewissheit, dass im Ganzen und Grossen, was auch in irgend einem besonderen Falle geschehen mag, wahre Meinungen das Ergebnis sein werden; und die Entwickelung geistiger Kraft und werkthätiger Liebe zur Wahrheit wird gleich sehr unmöglich, wenn man dem Forschenden seine Resultate vorschreibt und ihn von vornherein davon in Kenntnis setzt, man erwarte, dass er zu diesen Resultaten gelange." —

Wie erwähnt, erwartet Stuart Mill von einer richtigen intellektuellen Bildung nicht weniger als alles, da nach seiner Ansicht Unwissenheit und Unbildung die Hauptquelle aller gesellschaftlichen Uebel sind. Wenn diesem Uebel aber abgeholfen werden soll, so muss die Anregung dazu von den gebildeteren und unterrichteteren Menschen ausgehen. Körperliche Leiden merkt der Mensch recht bald, nicht leicht kann er sich über dieselben hinwegtäuschen; aber geistige Mängel empfindet der Leidende in der Regel fast gar nicht. Und wenn er die Folgen derselben fühlt, so schreibt er diese doch ganz anderen Gründen als seiner Unwissenheit zu. Daher müssen die gebildeteren und unterrichteteren Menschen sich unablässig bemühen, ihren Mitmenschen jene Mängel zum Bewusstsein zu bringen und ihnen gleichzeitig die Mittel zur Abhilfe an die Hand zu geben. Das wichtigste Mittel ist natürlich der Unterricht; aber auch Schriften, Reden u. a. müssen hier mitwirken.

Um einen vollkommneren Unterricht an den höheren Schulen und Universitäten zu ermöglichen, wünscht Stuart Mill einen weit wirksameren und gründlicheren Unterricht in den Klassikern und der Logik als den bisherigen, und diesen Studien will er noch andere hinzufügen, welche dem sogenannten Geschäft der Welt noch ungleich ferner, desto näher aber der Stärkung und Erweiterung der geistigen Fähigkeiten und der Veredelung des Charakters des Individuums stehen. Die Sorge für die empirische Kenntnis, welche die Welt verlangt und welche das Betriebskapital aller auf Geldgewinn gerichteten Bestrebungen ist, können wir ruhig der Welt überlassen; er ist zufrieden, wenn es der Erziehung gelingt, der Jugend einen Geist einzuflössen, und Gewohnheiten in ihr heranzubilden, die es ihr leichter machen werden, auch solche Kenntnisse zu erlangen und gut zu gebrauchen. Menschen seien erst Menschen, bevor sie Advokaten oder Aerzte oder Kaufleute oder Industrielle sind, und wenn man die Jugend zu tüchtigen und verständigen Menschen mache, so werden sie sich selber zu tüchtigen und verständigen Aerzten und Anwälten machen. Wohl weiss Stuart Mill, dass diese Ansichten über Menschenbildung nicht die Ansichten der grossen Menge sind, aber er glaubt, dass es die Ansichten der besten und weisesten Männer aller Parteien sind.

In den Erörterungen über seine eigene Erziehung spricht Stuart Mill es aus, dass die Knaben und Jünglinge in ihren geistigen Anlagen gewöhnlich nicht gekräftigt würden, sondern man stopfe sie mit allerlei trockenem Wissen und kahlen Thatsachen voll, man fülle ihren Geist bis zur Hoffnungslosigkeit mit den Meinungen anderer Leute, und das solle dann ein Ersatz für eigenes, mühsames Nachdenken sein. Daher werden so viele, auch die Söhne ganz ausgezeichneter Väter, weiter nichts als Papageien, die bloss nachsprechen, was ihnen vorgeredet worden ist; sie seien nicht im stande, ihren Verstand anders zu gebrauchen, als sie gelehrt worden sind. Sein Vater duldete niemals, dass irgend ein Lehrgegenstand zur blossen Gedächtnisübung herabsank, sondern immer wurde er zuerst als Verstandesübung benutzt. Niemals wurde ihm gesagt, was er selber finden konnte, und wenn er noch so lange sich daran abplagen musste; immer musste er zuvor seine Kraft an dem Gegenstand erschöpfen. Er gesteht, dass er selbst sich sehr oft ganz ungeschickt dabei benommen habe, dass er viel öfter das Falsche als das Richtige getroffen habe. Allerdings stellte der Vater oft äusserst hohe Anforderungen an den Sohn. Mit Recht aber meint Mill dazu, wenn man Jünglinge nie über Gegenstände befragte, die über ihren Horizont gingen, wenn sie sich nie an die Lösung von Fragen machten, die sehr schwer, ja zu schwer für sie seien, so würden sie nie das leisten, was sie in Wirklichkeit leisten könnten, und würden niemals zu einem klaren Bewusstsein über ihre eigene geistige Kraft kommen. Stuart Mill erzählt als Beispiel, wie sein Vater einmal ganz zornig geworden wäre, als er die alte Redensart gebrauchte: es könne in der Theorie etwas richtig sein, was in der Praxis nicht richtig sei; darauf hin sollte er, der dreizehnjährige Junge, das Wort „Theorie" definieren. Als ihm dieses nicht gelingen wollte, setzte ihm sein Vater sehr ernsthaft auseinander, wie ganz falsch es wäre, wenn man von einem Widerspruch zwischen Theorie und Praxis redete; das rühre nur daher, dass man nicht darüber nachgedacht habe, was eigentlich Theorie sei.

Stuart Mill hat auf Grund seiner eigenen Erfahrung und psychologischen Untersuchungen eine äusserst hohe Ansicht von der Aneignungsfähigkeit des menschlichen Geistes entwickelt. Er geht nach unserer Ansicht darin viel zu weit; und er würde zu ganz anderen Resultaten gekommen sein, wenn er selbst Lehrer gewesen wäre; da schrumpfen sehr bald solche hohe Meinungen zusammen. Die hohen Anforderungen, welche er demgemäss in der intellektuellen Bildung an den menschlichen Geist stellt, zeigen sich auch in einer Rektorats-Rede, die er als Ehrenrektor an der St. Andrews-Universität in Glasgow gehalten hat. Da spricht er über den Bildungswert der klassischen Sprachen einerseits und der modernen Wissenschaften andererseits, oder in anderer Gegenüberstellung der litterarischen Bildungsfächer und der exakten Wissenschaften. Die Lösung dieses alten Streites, der auch in England mit grosser Heftigkeit geführt wird, ist für ihn eine sehr einfache. Er sagt: „Die Frage, ob man unseren Geist mit den Klassikern oder mit den Wissenschaften (darunter versteht der Engländer die exakten Wissenschaften) nähren soll, scheint mir, ich gestehe es, sehr ähnlich einem Streite darüber, ob Maler die Zeichnung oder das Colorit studieren, oder um ein alltäglicheres Bild zu brauchen, ob ein Schneider Röcke oder Hosen machen solle. Ich kann darauf nur mit der Frage antworten: Warum nicht beide? Kann irgend eine Erziehung eine gute genannt werden, welche nicht Litteratur und Wissenschaft zugleich in sich begreift? Wenn man auch weiter nichts sagen könnte, als dass die wissenschaftliche Erziehung uns denken lehrt, und die litterarische Bildung unsere Gedanken auszudrücken — bedürfen wir da nicht beider? und ist nicht jeder ein armseliges, verkümmertes, einseitig zugestutztes Fragment eines Menschen, dem es an einem von beiden fehlt? Wir sind nicht zu der Frage genötigt, ob es wichtiger für uns ist, die Sprachen zu erlernen oder die Wissenschaften." — Wenn es möglich wäre, einen solchen Bildungsgang wirklich gründlich zu gestalten, so wäre die Frage nach dem Bildungswert der humanistischen und der realen Fächer auf sehr einfache Weise gelöst. In der That hält es Stuart Mill auf Grund seiner Anschauungen vom menschlichen Geiste für widersinnig, dass die Knabenjahre ganz in der Erwerbung einer unvollkommenen Kenntnis von zwei toten Sprachen aufgehen müssen. Er zweifelt sehr, dass die Lernfähigkeit des menschlichen Geistes mit der Lehrfähigkeit, wie man sie in englischen Schulen finde, gemessen werden dürfe. Es wäre ihm lieber, wenn die Reformer des Unterrichtes ihre Angriffe gegen die schändliche, ja verbrecherische Trägheit und die verkehrten Methoden der Schulen, welche vorgeben, zwei Sprachen zu lehren und sie nicht lehren, richteten. Aber wenn Stuart Mill auch die neueren Wissenschaften gelehrt wissen will, so hält er doch mit Entschiedenheit an der Ansicht fest, dass diese Studien nicht an die Stelle der Logik und Psychologie und der Klassiker treten können. Einen ausführlichen Lehr- und Studienplan hat Mill nicht ausgearbeitet; das Zusammenhängendste, was er darüber geschrieben, befindet sich in der erwähnten Rektoratsrede. Uns scheinen die Gründe, mit welchen er für das Studium der Logik und Psychologie und der Klassiker eintritt, oft so treffend und überzeugend und dadurch so wichtig zu sein, dass wir dieselben hier in Kürze zusammenstellen.

Wenn wir das betrachten, was Stuart Mill über den Unterricht in Logik und Psychologie geschrieben hat, so müssen wir uns stets vor Augen halten, dass er als Philosoph reiner Empiriker ist. Alle Kenntnisse, alles Wissen leitet er aus der Erfahrung ab. Die Natur und die Gesetze der Dinge an sich oder der verborgenen Ursachen der Phänomene, die der Gegenstand unserer Erfahrung sind, scheinen ihm durchaus ausserhalb des Bereichs menschlicher Fähigkeiten zu liegen. Er kann nicht glauben, dass irgend etwas anderes Gegenstand unserer Erkenntnis sein kann als unsere Erfahrung, und dass irgend welche Gefühle, Ideen oder Fähigkeiten in dem menschlichen Geiste vorhanden sind, die nicht auf die Erfahrung zurückzuführen seien. Darin ist er Nachfolger seiner beiden grossen Vorgänger Bacon und Locke. Mit aller Kraft bekämpft er die aprioristische, oder wie er auch sagt, die deutsche Anschauung, welche auf den englischen Universitäten die herrschende ist, wonach also der menschliche Geist, unabhängig von Beobachtung und Erfahrung, Wahrheiten aufnehmen könnte. Diese aprioristische Denkweise ist nach Stuart Mill die tiefste und erste Hauptstütze für falsche Lehren, schlechte Einrichtungen und die schlimmsten Vorurteile der Menschen; erst wenn jene Grundlage erschüttert sei, könne man mit Erfolg auf einen wirklichen Fortschritt der Menschheit rechnen. Das wichtigste philosophische Werk Stuart Mill's, das System der induktiven Logik, hat u. a. auch den Zweck, zu beweisen, dass alle Wahrheiten, selbst die sogenannten notwendigen Wahrheiten der Mathematik nur aus der Erfahrung und der Assoziation herstammen können. Besonders durch dieses Werk hat sich Stuart Mill als Philosoph die verdiente Anerkennung bei den deutschen Gelehrten erworben. Stuart Mill selbst sieht die Schwierigkeiten am deutlichsten, die einer allgemeinen Anerkennung seiner philosophischen Grundanschauungen entgegenstehen; und besonders gilt dies für England, wo die leitenden Kreise oft sogar mit Geringschätzung diese Lehren betrachten. Mit Stolz jedoch nennt sich Stuart Mill selbst einen „Utilitarier", da er glaubt, dass die von ihm vertretenen Ideen von wahrhaftem Nutzen für die Menschen seien. Es fehlt ihm nicht an echter Begeisterung; und von selbstloser Hingabe an den Gedanken und von wahrem Idealismus finden wir bei ihm, dem Empiriker, mehr, als bei vielen anderen, die es leicht haben, sich mit ihrer eigenen idealen Gesinnung zu brüsten, da sie sich der herrschenden Richtung anschliessen. Er steht hoch über der Erregung und Verbitterung des Kampfes, hoch über dem Gezänk der Parteien. Das erkennt man in allen seinen Schriften. In einem Aufsatze über den englischen Dichter Coleridge, einem Anhänger der Kant'schen Philosophie, charakterisiert er die beiden uralten Richtungen der philosophischen Denker, die realistische und die idealistische, wie sie sich gegenseitig befeinden: beide werfen sich gegenseitig geistige Verschrobenheit vor; Sensualismus sei das gewöhnliche Schmähwort, mit dem die eine, Mystizismus dasjenige, mit welchem die andere der beiden Philosophieen bezeichnet werde. Die einen glauben ganz aufrichtig, dass es ihren Gegnern nur darum zu thun sei, alle Bande moralischer und religiöser Verpflichtung zu zerreissen, während die anderen ebenso fest überzeugt seien, dass ihre Widersacher entweder ins Irrenhaus gehören, oder dass sie in schlauester Weise den Hierarchieen oder Aristokratieen schnöde Kupplerdienste leisteten. Stuart Mill fügt hinzu, dass die Personen auf beiden Seiten, welche mit solchen Anschuldigungen am freiesten seien, selten zu denen gehören, welche die wirklichen Schwierigkeiten der Frage am besten verständen, aber selbst die besonnenen Männer auf beiden Seiten pflegten die Tendenzen der entgegengesetzten Meinung keineswegs mild zu beurteilen, wenn sie sich auch nicht zu solchen Extremen fortreissen liessen.

Für die Erziehung stellt Stuart Mill den Wert einer philosophischen Bildung sehr hoch. Die höchste Stufe, ja die Krone und Vollendung einer höheren Erziehung muss nach seiner Ansicht ein philosophisches Studium sein, besonders dasjenige der Art und Weise, wie die menschliche Erkenntnis vom Bekannten zum Unbekannten vorschreitet. Vor allem muss Logik und Psychologie gelehrt werden. Die Logik hält er für das Werkzeug der Pflege und Förderung der Wissenschaften, die Psychologie für die Wurzel, aus der sie alle entstehen. Durch nichts könne eine so gleichmässige Ausbildung und Anspannung der Kräfte erzielt werden, wie durch das philosophische Studium.

Stuart Mill beklagt es sehr, dass bisher die Erziehung, und das gilt namentlich wieder für die englischen Universitäten, in dem Einprägen von Meinungen anderer bestanden habe, sodass die Kunst, selbst denken zu lernen, zurückgedrängt worden wäre. Das ist in England so schlimm, dass Stuart Mill einmal alles Ernstes die Frage aufwirft, ob vielleicht unter den jetzigen Verhältnissen der Mangel an dem, was man jetzt Bildung nenne, dem Geiste weniger Eintrag thue, als diese verkehrte Bildung. Ein richtig geleiteter Unterricht in Logik und Psychologie könne hier nur Abhilfe schaffen und wieder selbständig denkende Männer hervorbringen. An sich selbst hat er den Wert eines solchen Unterrichtes erfahren. In seinem ganzen Bildungsgang, sagt er, habe nichts so sehr zur Entwicklung seiner Denkfähigkeit beigetragen, wie gerade die Beschäftigung mit der Schullogik. Worin er zuerst dabei zu einiger Uebung gelangte, das war die Zergliederung eines falschen Schlusses. Solche Uebungen legte ihm sein Vater schon in frühen Jahren vor; er wurde strenge angehalten, sie oft vorzunehmen. Die geistige Thätigkeit, welche durch diese rein logischen Uebungen hervorgerufen wird, hält er für ganz unersetzbar; nichts sei so wie dieses geeignet, exakte Denker heranzubilden, die im stande seien, den einzelnen Worten und

Sätzen eine bestimmte Bedeutung beizulegen, und die sich durch keinerlei unbestimmte und zweideutige Ausdrücke beirren lassen. Diesen Einfluss schätzt er viel höher als den vielgerühmten der mathematischen Denkprozesse. Vor allem aber sei die Schullogik das vorzüglichste Eingangsstudium für jedes weitere philosophische Studium, denn sie macht nicht die Voraussetzung, welche bei jungen Leuten schwer zu erfüllen ist, dass man nämlich durch eigene Erfahrung und Ueberlegung sich wichtige Gedanken und Vorstellungen angeeignet habe. Ehe noch das Denkvermögen weit vorgeschritten ist, setzt nach seiner Ansicht die Schullogik den Lernenden instand, undeutliche Gedanken zu durchschauen, das Richtige daran zu erkennen und Widersprüche aufzulösen. Vielen sonst ganz tüchtigen Männern, welche solche Uebungen nicht angestellt haben, gehe diese Kunst aber ganz ab. Wer aber in die Lage kommt, mit einem Gegner zu streiten, der braucht nur seine eigenen Schlussfolgerungen aus einfachen Sätzen, die sicher und klar sind, abzuleiten und hat dann nicht mehr nötig, sich weiter um das Räsonnement seines Gegners zu kümmern. Und in anbetracht dessen, wie leicht die Theorie des Schliessens sei und wie kurze Zeit genüge, um sich eine gründliche Kenntnis der logischen Grundsätze und eine Geschicklichkeit in ihrer Anwendung zu verschaffen, gebe es gar keine Entschuldigung, wenn jemand sie zu studieren unterlasse, der in irgend einer geistigen Thätigkeit Erfolg haben wolle. Die Logik zwingt uns, unsere Meinungen in bestimmte Sätze und unsere Schlüsse in bestimmte Glieder zu kleiden. Daher solle man, wenn man wissen wolle, ob man richtig denke, die Gedanken in Worte kleiden, denn dann ist man gezwungen, sich bewusst oder unbewusst logischer Formen zu bedienen. Wenn viele Leute sagen, dass die Logik nichts zum Denken helfe, so haben sie allerdings insofern recht, als sie nicht sowohl im stande ist, uns den rechten Weg zu lehren, als uns vor dem falschen Wege zu bewahren. Aber in den Operationen des Geistes ist es ja stets viel leichter, den falschen Weg zu gehen als den richtigen, sodass man wohl sagen kann, dass der Hauptunterschied zwischen einem Denker und einem anderen darin bestehe, ob sie sich schwerer oder leichter irre führen lassen.

In der Psychologie muss man nach Stuart Mill vor allem den Schüler dazu anleiten, sein eigenes Bewusstsein zu befragen, sich selbst zu beobachten, mit sich selbst Versuche anzustellen; denn durch kein anderes Verfahren könne er jemals viel über den menschlichen Geist erfahren. Unser eigenes Selbst müssen wir durch Nachdenken ergründen. Locke's Versuch über den menschlichen Verstand ist dasjenige Werk, woraus die englische studierende Jugend hauptsächlich ihre Belehrung über die Wissenschaft des menschlichen Geistes schöpft. Vor diesem Werk hat Mill eine besonders hohe Achtung; er nennt es den Anfang und den Grundstein aller modernen analytischen Psychologie; von dem Verfasser desselben spricht er stets mit tiefer Ehrfurcht: er lobt seinen edlen Eifer für die Wahrheit, seinen schönen und rührenden Ernst, den er nicht nur für sich selbst an den Tag lege, sondern mehr als irgend ein anderer philosophischer Schriftsteller seinem Leser einzuflössen vermöge. Aber trotzdem bedauert er sehr, dass selbst ein solches Buch jetzt in England fast das einzige Werk sei, aus dem die Jugend ihre Kenntnis der Psychologie schöpfe; denn diese Wissenschaft nehme jetzt in sehr vielen Fragen eine ganz andere Stellung ein als zu der Zeit Locke's. Mill ist der Ansicht, dass die Psychologie, soweit sie ein Gegenstand allgemeiner Erziehung sein solle, nur in ihren einfachsten und klarsten Gesetzen, z. B. denen der Gedankenassoziation gelehrt werden dürfe. In diesen Gesetzen zeige sich die Psychologie als eine ebenso positive und sichere Wissenschaft, als es auch vielleicht die Chemie sei. Und wenn irgend etwas verdiene, vom Menschen studiert zu werden, so sei es doch seine eigene Natur und die seiner Mitmenschen. Das wirkliche Studium aller höheren philosophischen Fragen, wie z. B. derjenigen, ob Zeit und Raum wirkliche Existenzen oder nur Formen unserer Anschauungen seien, müsse natürlich denjenigen überlassen bleiben, die sich diesen Spekulationen ausschliesslich widmen. Nichtsdestoweniger aber gehöre es doch zu einer höheren geistigen Bildung, zu wissen, dass solche Fragen existieren; und wenn eine solche richtig geleitet würde, müsse sie auch die höheren Bestrebungen anfeuern und die Anstrengungen derjenigen unterstützen, welche dazu bestimmt sind, als Denker die Menge zu überragen.

In seiner Wertschätzung der Psychologie steht Stuart Mill in völligem Gegensatz zu Comte. Dieser verwirft die Psychologie als Wissenschaft ganz und gar, er ist der Ansicht, dass wir über die Gefühle nur sehr wenig und über den Intellekt gar nichts durch Selbstbeobachtung wissen können. Damit steht Comte ungefähr auf demselben Standpunkte wie unter den neueren Forschern Wundt, der es auch für unmöglich hält, Kenntnis des menschlichen Geistes dadurch zu erlangen, dass wir uns selbst beobachten. Comte setzt an Stelle der Psychologie die Phrenologie, die allerdings als positive Wissenschaft ausgebildet werden müsse; Wundt ist der Begründer der physiologischen Psychologie, die sich auf Experimente gründet. Wundt meint, es wäre kaum denkbar, dass je der Beobachter zugleich das beobachtete Objekt sein könne. Aber wer so denkt, vergisst, dass wenn wir die geistigen Thätigkeiten anderer beobachten und darnach unsere Schlüsse ziehen, wir dieses doch auf Grund derjenigen Kenntnis thun, die wir von unserem eigenen Selbst haben. Mill giebt auch zu, dass es wahr sei, dass sich die Aufmerksamkeit schwächt, indem sie sich teilt, und dadurch entstände bei der psychologischen Beobachtung eine ganz besondere Schwierigkeit; allein eine Schwierigkeit brauche doch nicht gradezu eine Unmöglichkeit zu sein. Und dann könne man eine Thatsache durch die Vermittelung des Gedächtnisses studieren, nicht aber in demselben Augenblick, in welchem sie wahrgenommen werde, sondern in dem nächstfolgenden. Ist der Eindruck noch frisch im Gedächtnis und reflektieren wir dann gleich darüber, so erhalten wir das Richtigste, was wir über die geistigen Prozesse wissen können.

Mit ganz besonderer Ausführlichkeit hat Stuart Mill den Wert der klassischen Sprachen für die Erziehung behandelt. Obwohl er den Wert derselben äusserst hoch schätzt, enthält er sich doch stets aller allgemeinen, übertriebenen, verschwommenen Lobesredensarten, aller der wenig sagenden Redewendungen von formaler Bildung und Gymnastik des Geistes, die man bei uns in Deutschland so häufig hört und die, wie schon Herbart sagte, oft an Charlatanerie grenzen. So wenig wir England's Schulverhältnisse als solche und besonders im Vergleich zu unseren deutschen zu rühmen vermögen, so ist es insofern doch sehr glücklich daran, als es nicht an den leidigen Berechtigungsfragen krankt, durch welche in Deutschland die Fragen über den Bildungswert der einzelnen Fächer so leicht in ganz falsches Licht gestellt werden. So hoch Stuart Mill den Wert der klassischen Studien, wenn sie in rechter Weise betrieben werden, auch stellt, so wenig würde es doch möglich sein, aus seinen Schriften zu beweisen, dass dieselben die einzigen seien, welche zu einer höheren Geistesbildung führen. Obwohl wir die praktische Seite dieser Frage, die jetzt so viel erörtert wird, hier nur flüchtig berühren können, so können wir doch nicht umhin, unser Bedauern darüber auszusprechen dass nach den jetzigen Verhältnissen in Deutschland sehr viele Schüler aus gebildeten Kreisen gezwungen sind, die beiden alten Sprachen zu lernen, wenn sie auch zu ganz anderen Berufsarten als den gelehrten übergehen. Obwohl man diesen

Missstand an massgebender Stelle vollkommen klar erkennt, obwohl jedermann weiss, dass Deutschland nicht mehr das Land der Gelehrten, was es früher war, ist, noch auch sein will, sondern dass es jetzt ganz andere grosse Aufgaben zu erfüllen hat, als ehemals, so scheut man sich doch davor, energische, durchgreifende Massregeln zu ergreifen und lässt es noch bei Worten bewenden. Aber wahr ist und bleibt, was neulich bei einer Besprechung der bekannten Preyer'schen Vorschläge angeführt wurde, dass die Schule sich nach den Bedürfnissen des Lebens richten müsse, nicht aber die Schule das Leben bestimme; und so werden denn auch unsere Schuleinrichtungen sich demgemäss einst verändern.

Stuart Mill ist nicht Philologe. Aber gerade deshalb haben seine Betrachtungen über den Bildungswert der klassischen Sprachen einen ganz besonderen Reiz. Seine Gründe gewinnen noch an Wert, weil er in seinem gesamten Denken ein so nüchterner, rein empirisch urteilender Mann ist, der es als Prinzip hinstellt, immer und überall bei den scheinbar klarsten und einfachsten Gedanken nach den Gründen zu fragen, der, wie schon gesagt, einer der unerbittlichsten Gegner aller Lehren und Anschauungen ist, die sich nur auf Autorität gründen. Ausserdem gilt noch für Deutschland, dass viele Denker, welche wie Mill einer empirischen Denkweise anhängen, sehr oft geradezu Gegner der klassischen Sprachen als Unterrichtsmittel sind; bei Stuart Mill ist das Gegenteil der Fall. Wir haben nur den Wunsch, dass einmal ein klassischer Philologe, der Interesse an philosophischen und pädagogischen Untersuchungen hat, alle Schriften Stuart Mill's in bezug auf die beiden alten Sprachen durcharbeitete und die Resultate übersichtlich zusammenstellte. Wir selbst sind gezwungen, uns ziemlich kurz zu fassen, wenn wir die Gedanken Mill's über diesen Gegenstand hier mitteilen.

Stuart Mill lernte die beiden klassischen Sprachen in dem Unterrichte, den er durch seinen Vater erhielt. Dieser belästigte ihn nicht viel mit grammatischen und rein sprachlichen Uebungen, sondern hielt ihn von vorneherein streng zur Lektüre der klassischen Autoren an, die ihm besonders des Gedankeninhaltes wegen als das Wichtigste hingestellt wurden. Schon mit vierzehn Jahren schloss der Unterricht, den sein Vater leitete, ab, und er begann nun sich selbst, hauptsächlich durch eigenes Schreiben zu bilden. Aber bis zu diesem frühen Alter hatte Stuart Mill die alten Schriftsteller in einer Weise durchgearbeitet und sich deren Inhalt angeeignet, wie es im wirklichen Schulunterricht kaum und dann vielleicht nur in viel späteren Jahren geschehen kann. Er urteilt wohl von sich zu bescheiden und denkt von der Bildungsfähigkeit der Knaben im allgemeinen zu günstig, wenn er in seiner Selbstbiographie meint, dass man Kindern der Regel nach schon in sehr frühen Jahren solche Kenntnisse mitteilen könnte, die man gewöhnlich für die Beschäftigung reiferer Jahre aufbewahrt. Er glaubt, dass die Zeit der kostbarsten Jahre, während deren man der Jugend „das bischen Lateinisch und Griechisch" einpaukt, ganz kläglich verschwendet würde, wodurch viele sich jetzt veranlasst fühlten, den falschen und voreiligen Schluss zu ziehen, dass man die alten Sprachen ganz aus dem Bildungsgange der Jugend streichen müsste. Das hält er für ganz verkehrt. Aber er ist der Ansicht, dass in dem Gelingen seines Bildungsplanes, der ihn seinen Genossen ein Vierteljahrhundert voraus gebracht hätte, nichts besonders Auffälliges liege. Er hätte in den meisten Fähigkeiten wie einem raschen Auffassungsvermögen, gutem Gedächtnis und besonderer Energie eher unter als über dem Durchschnitt gestanden, jeder mittelmässig beanlagte Knabe könnte dasselbe leisten wie er. Aber sehr selten wird wohl ein Knabe einen Vater finden, wie den James Stuart Mill, der nicht allein die Fähigkeiten, sondern auch Zeit und Lust hat, sich in so eingehender Weise mit seinem Sohne zu beschäftigen. Und wenn sich James Stuart Mill so sehr der Erziehung seines Sohnes annahm, dann ist wohl der Schluss ein gerechtfertigter, dass der Sohn die nötigen ausserordentlichen Fähigkeiten besass, auf welche diese eigenartige Erziehung sich gründete.

Nach diesem Unterricht haben sich denn auch seine Ansichten über die Lehrmethode der alten Sprachen gebildet und später durch psychologische Ueberlegung befestigt. Er zeigt sich so als ein Anhänger der induktiven Lehrmethode im Sprachunterricht. Er hofft, dass wenn ein Knabe Latein und Griechisch nach demselben Prinzip lernen würde, wie so manche Menschen jetzt moderne Sprachen lernen, indem er nämlich durch Praxis und Wiederholung erst einige Vertrautheit mit dem Wortschatz gewönne, bevor er durch grammatische Regeln in Anspruch genommen werde, so würde ein Schulknabe, wie sie durchschnittlich sind, lange vor dem Alter, mit welchem die Schulzeit endet, im stande sein, einen gewöhnlichen lateinischen oder griechischen Klassiker in Prosa oder Versen fliessend und mit verständigem Interesse zu lesen, würde eine genügende Kenntnis des grammatischen Baues beider Sprachen besitzen und überdies noch Zeit haben, sich einen reichen Vorrat positiver Kenntnisse anzueignen. Er

glaubt, dass die grammatischen Regeln mit zehnfach grösserer
Leichtigkeit aufgefasst würden, wenn die Fälle, in denen sie
Anwendung finden, dem Geiste bereits geläufig sind. So würde
bei richtiger Methode auch Zeit für andere wichtige Lehrfächer
gewonnen. Und hier spricht er wieder seine Ansicht über die
Aneignungsfähigkeit des menschlichen Geistes, die man gewöhnlich für eine viel zu enge halte, aus. Er hält es für das
Richtigste und Natürlichste, wenn der gebildete Mensch die
genaue Kenntnis eines oder weniger Dinge mit einer allgemeinen Kenntnis vieler Dinge, die aber wohl zu scheiden sei
von einer oberflächlichen Kenntnis, verbinde. Damit aber recht-
fertigt er doch in gewisser Hinsicht wieder die Zeit und Mühe,
welche auf die alten Sprachen verwendet würden, da diese ja
im Unterricht grade das eine Ding sein sollen, von dem eine
genaue Kenntnis verlangt wird.

Stuart Mill ist kein Freund der äusseren Uebungen und
Fertigkeiten, die mit dem Unterricht der klassischen Sprachen
schon seit langer Zeit verbunden werden, obwohl er der Ansicht allerdings ist, dass zu einer gründlichen Kenntnis einer
fremden Sprache die Grammatik nicht zu entbehren sei und
dass die Grammatik auch eine Art Logik sei, durch deren
Gesetze und Regeln die Formen der Sprache mit den allgemeinen Formen des Denkens in Uebereinstimmung gebracht
werden. Er tadelt strenge die geschäftige Trägheit der englischen Schulen; dort werde noch immer sehr viel Zeit damit
verschwendet, dass man lerne, schlechte griechische und latei-
nische Verse zu schreiben. Er fragt hier, ob denn wirklich
alle ernste und wichtige Arbeit in der Welt gethan sei, dass
man die Zeit und Kraft mit solchen nugae difficiles ver-
schwenden könne. Auch will er nichts von den selbständigen
Aufsätzen in der lateinischen Sprache wissen; denn die un-
glücklichen Schulknaben, die selbst keinen Gedanken auszudrücken haben, könnten solche Aufsätze höchstens durch er-
borgte Redensarten zusammenstoppeln. Das einzige, was er
empfiehlt und wovon er sich wirklichen Nutzen für die Kenntnis der fremden Sprachen verspricht, sind Rückübersetzungen
übersetzter Stellen aus guten Schriftstellern, woran sich noch
Uebungen im Sprechen anschliessen könnten. Diese Frage der
Methode des klassischen Unterrichts berührt Stuart Mill auch
noch in der Besprechung der Arbeit eines englischen Gelehrten,
des Professor Sedgwick, welche über die Studien an der Universität Cambridge handelt. Da bedauert er vor allem, dass
Professor Sedgwick über die wesentlichsten und überzeu-
gendsten Gründe, welche dafür sprechen, den klassischen

Sprachen einen hervorragenden Platz in der allgemeinen Erziehung anzuweisen, kein Wort verliert. Aber er pflichtet Professor Sedgwick bei, wenn dieser seine Stimme dagegen erhebt, dass auf den englischen höheren Schulen zu viel Wortkritik getrieben würde, derart, dass man oft kaum noch an die Werke selber und deren Gedankeninhalt denke, so bedeutend diese auch sein mögen; es sei schliesslich dahin gekommen, dass man blosse Wortstudien treibe und sich um den Sinn wenig kümmere, und so achte man bei dem Studium der klassischen Litteratur mehr auf die Schale als auf die Frucht.

Immer wieder betont Stuart Mill in seinen Schriften die Wichtigkeit des Gedankeninhaltes der klassischen Schriftsteller. Daher kann es nicht Wunder nehmen, wenn er die Bedeutung der griechischen Schriftsteller für die geistige und sittliche Bildung des Menschen weit höher schätzt als die der römischen. Seinem ganzen Charakter als philosophischer Denker gemäss stellt er Plato und dessen Wirkung am höchsten. Die gewöhnlichen prosaischen Schulschriftsteller und Dichter erwähnt er kaum. Er beurteilt die griechische Litteratur und das griechische Volk vor allem nach der Bedeutung für die Philosophie. Griechenland ist nach seiner Meinung durch die herrliche Entfaltung des spekulativen Denkens ebenso wie durch seine Freiheit für die Welt das geworden, was nach einem Ausspruch des Perikles Athen für Griechenland war — eine Schule der Erziehung. In dem Aufsatze über „Aelteste griechische Geschichte und Sage" nennt Stuart Mill die griechische Geschichte ein Heldengedicht, dessen handelnde Personen Völker seien; keine andere Geschichte biete in gleichem Masse eine so reiche Fülle von Folgen für das jetzt lebende Geschlecht. Die wahren Vorfahren der europäischen Nationen seien nicht diejenigen, aus deren Blut sie hervorgegangen, sondern diejenigen, von denen sie das reichste Teil ihres Erbes überkommen haben. Er steht nicht an zu behaupten, dass die Schlacht bei Marathon selbst als ein Ereignis der englischen Geschichte weit wichtiger sei, als sogar die folgenschwere Schlacht bei Hastings; denn wäre der Ausgang jener Schlacht ein anderer gewesen, so würden die Britten und die Sachsen vielleicht jetzt noch in ihren Wäldern umherschweifen. Wenn hier Stuart Mill eine im Grunde richtige Idee in stark paradoxer Weise ausdrückt, so muss man ihm im Folgenden doch zustimmen, wenn er behauptet, dass mit Ausnahme des Christentums die Griechen fast in allem, worauf die moderne Welt stolz sei, den Anfang gemacht haben; den richtigen Massstab für dieses Volk dürften nicht die erreichten Resultate, sondern die zur Erreichung erforderlichen Kräfte und Anstrengungen geben. Das führt er mit folgenden Worten aus: „Sie waren das erste Volk, das eine historische Litteratur besass, die in ihrer Art, wenn dies auch nicht die höchste Art ist, ebenso vollkommen war, wie ihre Redekunst, ihre Poesie, ihre Plastik und ihre Baukunst. Sie waren die Begründer der Mathematik, der Physik, des induktiven Studiums der Politik, von dem wir schon in Aristoteles ein so frühes Beispiel finden, der Philosophie der menschlichen Natur und des menschlichen Lebens. Nach jeder dieser Richtungen thaten sie die ersten Schritte, welche die unerlässliche Voraussetzung für alle weitere Entwicklung bildeten, Schritte, welche nur von Geistern gethan werden konnten, die ihrem innersten Wesen nach befähigt waren, alles zu leisten, was seither erreicht worden ist. Mit einem religiösen Glauben, der der Spekulation ausserordentlich ungünstig war, weil er eine fertige übernatürliche Erklärung der Naturerscheinungen lieferte, haben sie doch zuerst Gedankenfreiheit begründet. Sie zuerst befragten mit ihren Verstandeskräften Natur und Welt und wussten Antworten zu erhalten, die durch kein altbegründetes System des Priestertruges eingegeben waren, und ihrem freien und kühnen Geist der Spekulation, der sie in seinen Resultaten überlebte, war es vorbehalten, nachdem sie schon über sechzehn Jahrhunderte als Volk zu existieren aufgehört hatten, das Joch eines anderen knechtenden Systems volksmässiger Religion zu brechen. Zwei Jahrhunderte nationaler Existenz hatten für alle diese Dinge ausgereicht, und es ist traurig daran zu denken, wie wenig im Verhältnis die zwanzig und mehr Jahrhunderte, die seitdem verflossen, geleistet haben".

In dem Erziehungsgang Stuart Mill's, wie ihn sein Vater leitete, spielt die Litteratur der Griechen eine Hauptrolle. Und dadurch, dass er an sich selbst den erhebenden und klärenden Einfluss der griechischen Schriftsteller erfahren, und weil dieses in den frischesten und für Eindrücke jeder Art empfänglichsten Jahren der Jugend geschah, mag seine Neigung und Vorliebe für die Griechen frühe die ersten und festesten Wurzeln geschlagen haben. Grade die Art und Weise, wie er mit seinem Vater die griechischen Schriftsteller las, und die er so anziehend in seiner Selbstbiographie beschreibt, scheint uns von Interesse und vielleicht auch von einigem Nutzen für den Unterricht zu sein. Er begann, wie erwähnt, mit dieser Lektüre sehr frühe; trotzdem aber scheute sein Vater nicht vor den schwierigsten Schriftstellern zurück. Denn es kam ihm auf den Gedankeninhalt an, und zwar so

sehr, dass die Schwierigkeit der Form und der Sprache nicht
als Hindernis betrachtet wurde. Damit berühren sich diese
Ideen wieder mit denjenigen Herbart's, der auch wollte, dass
dasjenige Buch, welches durch seinen Inhalt das grösste Interesse errege, und böte es auch noch so viele und grosse
Schwierigkeiten, gelesen werden müsste. Aber auch seine Ansichten gründen sich wie diejenigen Stuart Mill's auf Erfahrungen, die in dem Unterricht eines einzigen Lehrers mit einem
oder höchstens zwei Schülern gemacht wurden; wenn nun ein
solcher Unterricht, wie auch der in Rede stehende, ein lange
andauernder ist und sich so zwischen Lehrer und Schüler ein
näheres geistiges Verhältnis bilden kann, so wird da vieles
möglich sein, was im Schulunterricht sich nicht durchführen
lässt. Der Vater Mill's erteilte seinem Sohne Unterricht mit
all dem Ernst und der Energie, die ihn bei allem, was er
that, auszeichneten. Sehr frühe las er mit ihm die griechischen
Redner und unter diesen am sorgfältigsten Demosthenes. Dabei
richtete sein Vater die Aufmerksamkeit des Sohnes nicht bloss
auf die Grundsätze der Gesetzgebung und der Regierung,
sondern er zeigte auch, wie der Redner es verstand, die wichtigsten Gedanken vorzubringen, indem er dieselben erst dann
aussprach, wenn die Zuhörer durch den vorhergehenden Teil
der Rede darauf vorbereitet waren; wenn er eben dieselben
Gedanken zu einer anderen Zeit ausgesprochen hätte, würden
sie auf heftigen Widerspruch gestossen sein. Dann las Stuart
Mill mit seinem Vater noch einige Dialoge Plato's durch. Sein
Vater sagte ihm oft, dass er keinem Schriftsteller so viel für
seine eigene geistige Ausbildung verdanke, wie grade diesem
griechischen Autor, und deshalb empfahl er ihn auch besonders
denjenigen, welche zu studieren anfingen, sehr angelegentlich
zum Studium; denn es gäbe nichts Vorzüglicheres als die
sokratische Methode, wie sie Plato in seinen Dialogen zur Anwendung bringt, um Irrtümer zu vermeiden, um Widersprüche
aufzudecken und um allen leeren Redensarten auf den Grund
zu gehen. Von Plato könne man vorzüglich lernen, wie man
einem Gedanken bestimmten und klaren Ausdruck zu geben
habe. Allgemeine Sätze würden hier durch besondere Beispiele
auf ihre Wahrheit geprüft und abstrakte Begriffe auf ihre wahre
Bedeutung hin untersucht. Er betonte, dass es bei dieser Lektüre hauptsächlich darauf ankomme, den Gedankengang der
Dialoge genau zu betrachten; wenn dieses aber in richtiger
Weise geschehe, so könne dieses wie nichts anderes ein präzises Denken hervorrufen. Von sich selber gesteht Stuart Mill,
dass ihm die Art zu denken, wie sie sich hier zeigt, derart in

sein Fleisch und Blut überging, dass sie ein Teil seines eigenen Ichs wurde. — In einem längeren Aufsatz, den Stuart Mill über Plato geschrieben hat, hebt er die Ansicht als eine seiner wichtigsten hervor, wonach das einzige Mittel, den Geist der Menschen aus seinem verworrenen Zustand zu befreien und ihn zu wahrer Erkenntnis zu bringen, die Dialektik im Sinne Plato's sei. Nur durch diese könne man auch wirklich wissen, was Gerechtigkeit und Tugend seien; und wer dieses nicht wisse, könne auch nicht wahrhaft gerecht und tugendhaft sein. Damit berühren wir eine der Grundlehren Plato's, mit welcher er mit der Ansicht einiger neueren Philosophen, die auch für die Erziehung von Bedeutung sind, übereinstimmt, wonach nämlich die Tugend ein Zweig der Einsicht oder Erkenntnis ist. Durch Plato hat sich bei Stuart Mill die Ueberzeugung gefestigt, dass es eine der grössten Aufgaben des menschlichen Geistes sei, die allgemeinen Ausdrücke des Lebens der unnachgiebigsten Prüfung zu unterziehen und die Ideen, welche zu Grunde liegen, ans Licht zu bringen. Und selbst wenn man die wahre Kenntnis nicht erreiche, so sei es schon kein kleiner Gewinn, den Menschen ihre Unwissenheit in den wissenswertesten Dingen zum Bewusstsein zu bringen, sie mit Scham und Unbehagen über ihren Zustand zu erfüllen und ihnen einen Stachel in die Brust zu senken, der alle ihre geistigen Fähigkeiten wachruft, um die wichtigen Aufgaben zu lösen und nimmer zu rasten, bis die wahren Lösungen, soweit diese möglich, erreicht sind. Die Dialoge Plato's bilden nach seiner Ansicht eine Schule des präzisen Denkens, der sich heute noch in der ganzen philosophischen Litteratur kein anderes Werk auch nur annähernd vergleichen lasse. Hier werde man zu einer gründlichen Sichtung von eingewurzelten und durch lange Gewöhnung vertraut gewordenen Ansichten angeleitet, was allerdings für einen gewöhnlichen Verstand äusserst abstossend sei. In solcher Weise hat auch Grote in seiner Geschichte Griechenlands über Plato gesprochen; in seinem Aufsatze „Plato" geht Stuart Mill von den Ideen dieses Historikers aus. Er teilt mit ihm die Bewunderung Plato's. Wie jener rechnet auch er die Schriften dieses Philosophen zu den kostbarsten geistigen Schätzen, welche das Altertum hinterlassen hat. Nicht allein aber durch die strenge Dialektik ist Plato so bedeutend; bei ihm finden sich schon Grundsätze, an denen noch immer alle diejenigen festhalten, welche zur Veredlung der Menschheit beitragen wollen. So hebt Stuart Mill hervor, dass bei Plato schon deutlich der Satz ausgesprochen wäre, dass die Pflicht um ihrer selbst willen in uneigennütziger

Weise erfüllt werden müsse; das sei etwas höheres als die Hintansetzung selbstischer Rücksichten auf Grund eines entfernteren selbstischen Interesses. — Vor allem aber habe Plato in sich den Charakter eines grossen Lehrers zur Vollendung gebracht: und zwar dadurch, dass er das, was er selber fühle, mit einer Gewalt, die keiner jemals übertroffen, auch seine Leser fühlen machen kann. Durch alle diese Eigenschaften gehöre Plato zu jenen, welche grosse Männer bilden durch die Vereinigung von sittlicher Begeisterung und logischer Zucht; die edelste Begeisterung für das Suchen wie für die Anwendung der Wahrheit durchdringe diesen Schriftsteller.

Keinen anderen klassischen Autor hat Stuart Mill mit solcher Ausführlichkeit und Hingebung behandelt wie Plato. Und wenn er so Plato für den wichtigsten und wirkungsvollsten Schriftsteller hält, so erkennt er doch auch die Bedeutung der anderen klassischen Autoren an. Thukydides, Aristoteles, Demosthenes, Horaz, Tacitus und Quintilian sind ihm eine Fundgrube der besten Gedanken der alten Welt. Der reiche Schatz der Erfahrung im menschlichen Sein und Verhalten, welchen diese scharfsinnigen und beobachtenden Geister jener Jahrhunderte, in ihren Beobachtungen durch die grössere Einfachheit der Sitten und des Lebens unterstützt, in ihren Schriften niederlegten, behalte jetzt noch fast seinen ganzen Wert. Hier sei eine feste Grundlage für jede ethische und philosophische Bildung zu finden. Würden nur die Sprachen und die Litteratur des Altertums so gelehrt, dass die glorreichen Bilder, die sie vorführen, in lebenswarmer Wirklichkeit vor dem Auge des Lernenden stünden, dass sie nicht als eine fremdartige Substanz auf dem Boden des Geistes liegen bleiben, sondern von diesem aufgesogen und ein Teil seiner selbst würden, so glaubt er, würden diese Studien noch unendlich mehr leisten, als sie bisher geleistet hätten. In den militärischen und ackerbauenden Republiken des Altertums, da zeige sich grade das Bild jener Tugenden, die der jetzigen handeltreibenden Gesellschaft am leichtesten abhanden zu kommen pflegten. Menschennaturen würden uns in grösserem Massstab vorgeführt, mit weniger Wohlwollen, aber mehr Patriotismus, weniger Empfindsamkeit, aber mehr Selbstbeherrschung, eine Welt, in der vielleicht ein geringeres Durchschnittsmass, aber glänzendere individuelle Beispiele von Tugend zu finden wären, weniger Güte im Detail, aber mehr Grösse und ein lebendigeres Gefühl für Grösse, mehr was dazu beitrage, die Einbildungskraft zu erheben und eine hohe Vorstellung von den Fähigkeiten der Menschen zu geben.

Ferner hält Stuart Mill das Studium der alten Sprachen für das wichtigste litterarische Bildungsmittel. Er behauptet, dass die vollendetsten Kompositionen, welche der menschliche Geist hervorgebracht habe und zu denen der moderne Mensch mit hoffnungsloser Bewunderung emporschaue, hier zu finden seien; schon daher könne man sie in der Erziehung nicht entbehren. Aber er geht wohl hier etwas einseitig vor, denn er setzt mit diesen Ideen stillschweigend voraus, dass bei einer höheren, oder wie der Engländer sagt, bei einer liberalen Erziehung, der Mensch zum Schriftsteller oder Redner erzogen werde. Das ist ein Irrtum, der vielen Gedankengängen von bedeutenden Männern, die über Erziehung geschrieben haben, zu Grunde liegt, und den kein anderer so energisch zurückgewiesen hat wie Herbart. Aber so formvollendet die Schriften der Alten auch seien, so glaubt Stuart Mill doch, dass, was den Stoff betreffe, die neuere Dichtung der alten unendlich überlegen sei, grade wie die moderne Wissenschaft der alten; denn die neuere Dichtung und die neuere Wissenschaft dringe tiefer in die Natur der Dinge ein, und der moderne Geist habe Tiefen in der menschlichen Seele entdeckt, von welchen die beiden alten Völker sich nichts träumen liessen. Wenn aber in der Besprechung von Professor Sedgwick's Vortrag über die Studien an der Universität Cambridge angeführt wird, dass dieser in einem fort die Schriften des klassischen Altertums als Vorbilder und Muster empfiehlt, zeigt Stuart Mill dagegen, dass dieses nichts anderes heisse, als den Missbrauch klassischer Studien preisen. Er tadelt strenge die Versuche direkter Nachahmung, die dem wahren Nutzen dieser Studien nur geschadet hätten. Dann spricht er Gedanken über den Stil aus, mit denen er gewiss manchem aus der Seele redet und die wir zum Schluss hier wörtlich anführen: „Es ist die unausbleibliche Folge der Nachahmung von Mustern, dass die Form den Inhalt in den Hintergrund drängt. Die Nachahmung der klassischen Autoren hat im ganzen modernen Europa dem Geschmack in bezug auf litterarische Schöpfungen eine falsche Richtung gegeben; sie hat den blossen Stil ohne Rücksicht auf die Ideen zu einem Gegenstand sorgsamer Pflege und hohen Ruhmes gemacht, während doch keiner von den grossen Alten den Stil anders als in vollkommener Unterordnung unter den Inhalt denken konnte. Die Alten hätten sich, wenigstens nicht in den guten Zeiten ihrer Litteratur, ebenso wenig etwas von einem abstrakten Stil träumen lassen, wie von einem abstrakten Rock, da das Verdienst des Stils in ihren Augen eben nur darin bestand, dass er sich dem Gedanken auf das genaueste anschmiegte. Ihr erstes Ziel war immer, sich durch ein genaues Studium ihres Gegenstandes einen Vorrat von Ideen zu sichern, welche verdienten, ausgedrückt zu werden; ihr zweites Bestreben ging dahin, Worte zu finden, welche geeignet waren, diese Gedanken mit der höchsten Genauigkeit wiederzugeben; erst wenn sie mit diesen Punkten im Reinen waren, dachten sie an den Schmuck der Rede. Deshalb wächst ihr Stil, mag er nun schmuckreich oder einfach sein, immer naturgemäss aus dem Charakter ihres Gedankenganges hervor und kann von Jedem, dessen Ideenkreis von dem ihrigen abweicht, zwar bewundert aber nicht nachgeahmt werden. Professor Sedgwick hätte ganz im Gegenteil seinen Schülern die Weisung geben sollen, gar keinen Vorbildern zu folgen, sich in gar keinem Stil zu versuchen, sondern es ihren Gedanken zu überlassen, sich den Stil zu bilden, der ihnen am angemessensten ist, und die Aehnlichkeit mit den Alten nicht in der Nachahmung ihrer Manier, sondern in der gleichen Beherrschung ihres Gegenstandes, in der gleichen Ausbildung ihrer Fähigkeiten und in der gleich sorgfältigen Ausarbeitung ihres Werkes zu suchen. Alle Nachahmung des Stils eines bestimmten Autors, dessen Gedanken man sich nicht ebenfalls ganz angeeignet hat, führt zu blosser Künstelei und Manieriertheit."